福建海上丝绸之路研究丛书

福建海上丝绸之路

漳州卷

郑镛 主编

福建省政协文化文史和学习委员会 福建省炎黄文化研究会 编

海峡出版发行集团
THE STRAITS PUBLISHING & DISTRIBUTING GROUP
福建人民出版社
FUJIAN PEOPLE'S PUBLISHING HOUSE

图书在版编目(CIP)数据

福建海上丝绸之路. 漳州卷 / 福建省政协文化文史和学习委员会，福建省炎黄文化研究会编. --福州 ：福建人民出版社，2022.12

（福建海上丝绸之路研究丛书）

ISBN 978-7-211-09013-6

Ⅰ.①福… Ⅱ.①福… ②福… Ⅲ.①海上运输—丝绸之路—历史—漳州 Ⅳ.①K295.7

中国版本图书馆 CIP 数据核字（2022）第 258617 号

福建海上丝绸之路·漳州卷

FUJIAN HAISHANG SICHOU ZHI LU·ZHANGZHOU JUAN

作　　者：福建省政协文化文史和学习委员会　福建省炎黄文化研究会
责任编辑：何水儿
责任校对：陈　璟
出版发行：福建人民出版社　　**电　　话**：0591-87533169(发行部)
网　　址：http://www.fjpph.com　　**电子邮箱**：fjpph7211@126.com
地　　址：福州市东水路 76 号　　**邮政编码**：350001
经　　销：福建新华发行（集团）有限责任公司
印　　刷：福州德安彩色印刷有限公司
地　　址：福州市金山浦上工业区 B 区 42 幢
开　　本：787 毫米×1092 毫米　1/16
印　　张：14.5
字　　数：169 千字
版　　次：2022 年 12 月第 1 版　　2022 年 12 月第 1 次印刷
书　　号：ISBN 978-7-211-09013-6
定　　价：98.00 元

前　言

2013年9月和10月，中国国家主席习近平在出访中亚和东南亚国家期间，先后提出共建“丝绸之路经济带”和“21世纪海上丝绸之路”（简称“一带一路”）的重大倡议，得到了国际社会的高度关注和广泛参与。“一带一路”倡议有利于促进沿线各国经济繁荣和区域经济合作，加强不同文明交流互鉴，促进世界和平发展，是一项伟大的事业。福建作为21世纪海上丝绸之路核心区，实至名归。历史上，福建是海上丝绸之路的重要起点和发祥地，现实中，福建在21世纪海上丝绸之路建设中也将发挥其作为核心区的重要作用。目前，关于福建海上丝绸之路的研究却起步甚迟，系统、深入、全面探讨和研究的专著尚缺。研究历史上福建海上丝绸之路的形成、发展、兴盛和变迁，研究福建沿海各地及福建内陆在海上丝绸之路中的地位和作用，为21世纪福建海上丝绸之路建设提供历史借鉴，这是本丛书编纂的目的，因此本丛书探讨和论述福建海上丝绸之路的历史，限于1949年之前。

“闽在海中”，“涨海声中万国商”，福建海上丝绸之路历史悠久，内涵丰富。“福建海上丝绸之路”可以定义为福建与其他国家和地区进行经济文化交往的海上通道。秦汉时期，福建的海上交通已相当频繁，《后汉书》卷六十三《郑弘传》载：郑弘“代郑众为大司农，旧交趾七郡贡献转运，皆从东冶泛海而至”。东冶即今福州。由此可知，汉代的福州已是东南沿海的重要商港与转运口岸，是海上丝绸之路的重要一环。三国时期，孙吴统治者在福州设典船校尉，负责督造船只，在闽东沿海设温麻船屯，建造船只。载运丝绸等物的福建船只已北达辽东、朝鲜，南抵两广、南洋，东至日本，开始在以贩运丝绸为主的海上丝绸之路上扮演重要角色。隋唐时期，福建港口迅速兴起，闻名于世，正如唐代诗人在描述福建港口中外交往盛况时所写：“云山百越路，市井十洲人。执玉来朝远，还珠入贡频。”宋元时期，福建海上丝绸之路进入鼎盛时期，福建泉州港以“梯航万国”的“东方第一大港”而著称于世。根据南宋赵汝适所撰《诸蕃志》记载，当时与福建有通商关系的国家和地区有58个。具体来看，东亚有高丽和日本，东南亚有占城、真腊、罗斛、三佛齐、阇婆、蓝无里、渤泥、麻逸、三屿等，南亚有南毗、故临、注辇等，西亚有麻嘉、瓮蛮、记施、白达等，非洲有勿斯里、遏根陀、默伽猎、层拔、弼琶啰、昆仑层期等，欧洲有斯加里野等。到了元代，据汪大渊《岛夷志略》记载，福建海外贸易除了原有的国家和地区外，又增加了东南亚、南亚、西亚地区中的10多个国家的30多个地方。明代，福建商人通过菲律宾马尼拉的大帆船贸易，从福建漳州月港等港口，将中国丝绸、瓷器等商品运送到万里之遥的美洲墨西哥。这条从福建经马尼拉到美洲的海上丝绸之路，使原有的海上丝绸之路骤然向东大大延伸。明清时期，西方殖民者东来，以郑成功等为首的福建海商集团和民众与之作坚决的斗争，发展海上贸易，使闽台的经济政治成为一体。鸦片战争后，西方殖民者入侵福建，但福建的海上丝绸之路仍在艰难中前行，并终于迎来了1949年中华人民共和国成立的新曙光。

福建海上丝绸之路从时间概念上看历史悠久，积淀丰厚，且持续性强，没有中断；从空间上看，具有世界性，将中国与东亚、东南亚、南亚、西亚、非洲、欧洲以及美洲联系在一起，形成一个世界性的网络，影响了世界，也反哺了中国，蕴育了福建拼搏、开拓、创新和团结的人文性格。

本丛书撰写要求尽量采用新资料、新观点，力求做到科学性和普及性的统一。本丛书不仅对海上丝绸之路研究具有重要学术价值，同时对福建海上丝绸之路的各项产业发展也有借鉴价值，具有一定的现实意义。

本丛书除总论《福建海上丝绸之路·史纲》外，福建沿海及内陆依行政区划分，设福州卷、泉州卷、漳州卷、厦门卷、莆田卷、宁德卷，福建内陆的龙岩、三明、南平三地合编为腹地卷；各卷前设“绪论”，后设“结语”，主体内容既有按历史发展时序作纵向论述，又有按专题分类作横向论述。

本丛书的撰写者为厦门大学、福建师范大学、闽南师范大学、龙岩学院、宁德师范学院、莆田市委党校及福建省文史研究馆、泉州海外交通史博物馆、莆田市社科联、福州市社科院等单位的学者及专业人士。

本丛书由福建省政协文化文史和学习委员会、福建省炎黄文化研究会共同主编。

丛书疏漏与不足之处在所难免，祈望读者不吝赐教。

福建省政协文化文史和学习委员会

福建省炎黄文化研究会

目　录

绪　论　/1

上　篇

第一章　漳州海潮天际起——宋元至明初漳州的对外通商　/8

第一节　宋元时期的漳州海路　/8

第二节　宋元时期漳州的海上贸易　/25

第三节　明初的海禁与走私　/38

第二章　樯桅万杆集月港——明中后期漳州月港的兴盛　/51

第一节　月港“洋市”的开设　/51

第二节　月港民间海外贸易的勃兴　/61

第三节　月港与闽南商品经济的发展　/78

第三章　碧海帆影日边稀——清初至民国漳州的对外贸易　/90
第一节　清代漳州对外贸易的衰退　/90
第二节　民国时期漳州与南洋的联系　/98

下　篇

第四章　海商海盗孰能辨——明中后期至清初的漳籍海盗与海商　/104
第一节　漳州海商的崛起　/104
第二节　漳籍海商海盗　/119

第五章　南洋风物入眼来——东南亚与闽南的文化融合　/132
第一节　漳州人下南洋及著名华侨人物　/132
第二节　漳州与南洋的文化交流　/171

第六章　海交春秋留华章——漳人海交著作评述　/202
第一节　吴朴与《渡海方程》　/202
第二节　张燮与《东西洋考》　/204
第三节　程日炌与《噶喇吧纪略》　/206

结　语　/209

主要参考文献　/218

后　记　/222

绪　论

一、漳州的自然环境与海洋因素

漳州市陆域地处北纬23°34′～25°15′，东经116°54′～118°08′，南北长187千米，东西宽127千米，面积12607平方千米。海域面积略大于陆域。

境域内多山，地形西北高、东南低，博平岭山脉横亘于西北部边界，戴云山余脉深入北部境内。平和县大溪、安厚、国强、霞寨，南靖县南坑、船场一线以西，南靖县书洋，平和县芦溪、长乐、九峰一线以东地区，为全市地势最高处，也是九龙江西溪、漳江、东溪、鹿溪、九峰溪等河流的发源地。沿海地区的乌山山脉与梁山山脉直逼海岸，高山与碧海辉映，景观壮丽。

漳州岸线北以九龙江口中心线与厦门分界，南与广东交界，海上尚未明确标界。

漳州平原是福建省最大的平原，为九龙江冲积而成，另外几条域内河流也冲积出若干面积不等的小平原。漳州土地肥沃，腹地相对有一定纵深。

漳州海域属台湾海峡大陆架浅海区，水深最深不超过 60 米，最浅处（在台湾浅滩）水深仅 9 米，一般水深 40 米左右，海底较平坦。海岸线总长 631 千米，其中大陆岸线 519 千米，岛屿岸线 112 千米。

海湾主要有隆教湾、白圹湾、湖前湾、后蔡湾、前湖湾、将军湾、大澳湾、浮头湾、东山湾、诏安湾、苏尖湾（乌礁湾）、宫前湾等。

港湾主要有佛昙港（包括鸿儒港、前亭港）、旧镇港（港口外为浮头湾）、前港（马銮湾）、后港、宫口港（宫口湾）等。漳州陆域靠近北回归线，南濒台湾海峡。由于北有高山阻挡冷空气南下，南有海洋调节，气候温暖湿润，冬无严寒，夏无酷暑，属南亚热带海洋性季风气候。

漳州 10 月至翌年 4 月盛行东北风，6—8 月盛行西南风，5 月与 9 月为风向交替期，变化频繁。全年平均风速从沿海向内陆迅速减小。漳州境域在 7—9 月还常受热带风暴影响，平均每年有 4.6 个。风暴直接登陆时，在沿海地区台风中心经过附近风力可达 12 级，甚至更高，极具破坏力。

漳州水系发达，主流多与山脉走向垂直，支流与山脉走向平行，形成格状水系网。河流多发源于境内，属山溪型外流河。九龙江是漳州第一大河、福建省第二大河，水量丰富，年径流量稳定，年内季节性变化甚大，丰水期径流大，枯水期径流小。东溪、漳江、鹿溪等河流的流程短，流域小，河道比较平缓。全市流域面积在 100 平方千米以上的河流有 11 条。鹿溪、九峰溪流入韩江，其余都在境内入海。

漳州沿岸的潮振动主要是太平洋潮波所引起的协振潮，受台湾海峡地形影响，六鳌半岛以北为正规半日潮，以南为不正规半日潮、混合潮，潮差自北往南降低。历史高潮位：九龙江口为4.5米，漳浦沿海降到3.1米，东山、诏安沿海为2.8米，亦自北往南降低。每年夏、秋季，受台风影响，风暴潮增水显著，可达1.3～1.5米。

二、漳州人的海洋意识

漳州历史悠久，相传远古时代便有太武夫人在此拓土而居。漳州市区北郊的莲花池上发现的旧石器遗址证明4万～8万年前就有先民在此生息。战国时漳州隶属越。秦朝时，今漳州梁山山脉以北属闽中郡，以南属南海郡；东晋义熙九年（413）在今漳州境域内建置了绥安县；梁天监（502—519）年间又置兰水县；梁大同六年（540）在九龙江畔建置龙溪县；隋开皇十二年（592）并绥安、兰水入龙溪县。唐垂拱二年（686）建州，因州治临漳江而称漳州；后州治再迁，贞元二年（786）徙至龙溪县治之桂林村（今漳州市区）。

两汉至隋唐时期，闽越人以及后来的“蛮獠”的主要交通工具为船，其“习于水斗，便于用舟”[①]，南抵越南，北达江淮。隋唐时期，北方汉人陆续南迁，与土著居民相处相安，逐渐掌握水上生计，为日后漳州的海外交通奠定了基础。

漳州海岸线绵长，域内丘陵起伏，植被良好，内河纵横交错，水量丰沛。沿海可称为溪海过渡区，有4个主要出海口：一是九龙江出海口，汇北溪、西溪和南溪至厦门湾出海；二是漳浦的鹿

① 《汉书》卷六十四《严助传》。

溪，在佛昙至古雷一带与海交汇；三是云霄的漳江，在东夏、崱屿与海相接；四是诏安的东溪，梅岭港为福建最南端的出海口。宋代，朝廷在九龙江口的海口镇（今属厦门市海沧区）设置“场务”，“收海道商税”，沿海居民亦视海为田，泛海求利。绍兴（1131—1162）年间曾任漳州知州的廖刚在上奏文书中报告：“平时海舟欲有所乡，必先计物货，选择水手，修葺器具，经时阅月，略无不备，然后敢动。则又必趁风信时候，冬南夏北，未尝逆施，是以舟行平稳，少有疏虞。风色既顺，一日千里曾不为难。”① 大多数中小海商，抱着“轻生射利”的心态，在海上讨生活。

元代的漳州社会受到冲击，经济文化乏善可陈，但海上贸易仍持续发展。至正二十三年（1363），漳州右丞罗良“遣僚佐具舟由海道运粮抵辽东”。这一航线自南太武发舶经东海、黄海、渤海，途多险象，而漳州航海人却“操舟如神，则不惮此”②。

可以说，宋元时期漳州人的海洋意识已然形成。从精神层面说，面对狂涛，了无惧意。从物质层面说，所造海船够坚固，对驾船技术够谙熟，方能“操舟如神”。

明代是漳州人海洋意识的扩张时期。15 世纪至 16 世纪中叶，漳州沿海走私贩海盛极一时，以月港为中心，形成民间海外贸易网络。月港地处九龙江出海口，港汊密布，为龙溪县八九都地，僻于一隅，官府鞭长莫及。正统景泰（1436—1457）年间，月港一带民众即“多货番且善盗”，正德（1506—1521）年间则“私造巨舶，扬帆外国，交易射利”。“月港私造双桅大船，不啻一二百艘，鼓泛洪波巨浪之中，远者倭国，近者暹罗、彭亨诸夷，无所

① ［宋］廖刚：《高峰文集》卷五《漳州到任条具民间利病五事奏状》。
② ［明］吴朴：《龙飞纪略》癸卯《罗良遣其将运粮给行在》条。

不至”[1]。沿海民众的思想倾向是以鱼死网破之心反抗朝廷政策。贫困之户为衣食计，纷纷“捐生竞利，灭没风涛间”“以海为业”“通番获利”。富豪之门也为利所驱，不惜“一倍博百倍之息”。至嘉靖（1522—1566）时，诏安一带以宗族为纽带，进行规模性的集体走私。据载，田、林、何、傅、苏、吴等姓氏，计有千余家参与通番走私。号称“闽南一大都会”的月港，不仅“豪民私造巨舶，扬帆他国”，福建其他地方的海商也从这里发舶。原来一直到广州贸易的外商“欲避抽税，省陆运”，亦改道月港，葡萄牙、西班牙、日本等商船“潜泊漳州，私与为市”[2]。嘉靖二年（1523），仅留居漳州的葡萄牙商人即多达500人。“今虽重以充军处死之条，尚犹结党成风，造舡出海，私相贸易，恬无畏忌”[3]，甚至武装拒捕，“海禁愈严，贼伙愈盛”。也就是说，明廷祭起杀威棒也没能遏止海上贸易活动，只好调整海洋政策，局部开放海禁，“先是发舶在南诏之梅岭，后以盗贼梗阻，改道海澄”[4]。隆庆元年（1567）于海澄月港开设“洋市”，由官府监管民间海外贸易，月港进入了全盛期。万历（1573—1620）年间，“四方异客，皆集月港”，“五方之贾，熙熙水国，刳艅艎，分市东西路。其捆载珍奇，故异物不足述，而所贸金钱，岁无虑数十万。公私并赖，其殆天子之南库也”[5]。

这时期漳州的缙绅士大夫阶层大都视野开阔，观念日新，理

① ［明］谢彬：《剿抚事宜书》，载《（崇祯）海澄县志》卷十九《艺文四》。

② 《明世宗实录》卷一百零六《嘉靖八年己巳》，第2507页。

③ ［明］冯璋：《通番舶议》，载陈子龙等选辑：《明经世文编》卷二百八十，中华书局1962年版，第2967页。

④ ［明］张燮著，谢方点校：《东西洋考》卷七《饷税考》，中华书局1981年版，第132页。

⑤ ［明］张燮著，谢方点校：《东西洋考》之《序》，中华书局1981年版，第17页。

性评估海外贸易，从主张“听民贸迁”到充分肯定其成效是“公私并赖”，海洋意识有了很大的提升，从而推动并维护海外贸易的进一步发展。明末月港已呈衰败之相：一是西方殖民势力东渐；二是闽南沿海成为郑成功军事集团与清廷势力拉锯的主要地区，长年兵连祸结；三是清廷于康熙二十二年（1683）统一台湾，次年设闽海关总口于厦门。从此，月港沉寂于历史的潮汐之中。

明末至清中期，漳州人经略海洋的雄心未泯，但形禁势格，主营方向有所变化，一部分海商往返于广东、浙江，做国内贸易，一部分则到暹罗等南洋地区经商。清宫档案载，乾隆二十五年（1760），闽浙总督杨廷璋奏请优叙由暹罗贩粮入闽 2000 石以上的海澄商户陈炳芳，援例赏授九品顶戴。嘉庆（1796—1820）年间，龙溪商人吴竟买了暹王商船“金协顺”号，往来于广州、厦门。海澄县的吴让，乾隆十五年“放洋暹罗”，经营有方、获利无数，获得暹王的高度信任，主宋卡城，三代相承。龙溪潘振承雍正五年（1727）出洋，数年后入粤，乾隆十五年前后在广州创办同文堂，一度是广州十三行行首。

进入新时代，漳州人的海洋意识得到复苏，朝着“依港立市、工业强市、生态名市、科教兴市”的目标奋力前行。漳州，这座具有 1300 多年历史的国家历史文化名城正焕发新的活力，扬帆出海。

上篇

第一章

漳州海潮天际起

——宋元至明初漳州的对外通商

第一节 宋元时期的漳州海路

宋代，漳州的海上贸易路线有国内与国外之分。国内贸易路线方面，北宋时期漳州的海商一般可以北上本路的泉州、兴化、福州，以及两浙路的温州、明州（今宁波）、杭州等地，以至京东路的密州、登州一带；南至广东路广州、广西路钦州、海南岛等。如明州象山县“海环三垂，东南皆大洋，北则巨港，东曰钱塘，南曰大睦，西南曰东门，皆蕃舶、闽船之所经”。[①] 密州板桥镇“自来广南、福建、淮浙商旅，乘海船贩到香叶诸杂税物，乃至京东、河北、河东等路商客，般运见钱、丝绵绫绢，往来交易，买

① ［宋］胡榘修、方万里、罗濬纂：《宝庆四明志》卷二十一《象山县志·水》，宋元方志丛刊第5册，中华书局1990年影印本，第5265页。

卖极为繁盛”[①]。仁宗嘉祐四年（1059），欧阳修《有美堂记》云，杭州湾有“闽商海贾，风帆浪舶，出入于江涛浩渺、烟云杳霭之间，可谓盛矣”，[②] 其中“闽商海贾”想必亦不乏漳州海商。神宗元丰三年（1080），海南岛有自福建路等地来的商人，他们主要运载“金银匹帛”，每次运载货物“所值或及万余贯”[③]。出于统治者自身的需求，南宋初年，宋朝廷要求两浙路、福建路、广南路诸提举市舶司要招诱闽、广舶船至镇江府、江宁府抽解，以便于朝廷筹集经费。

海外贸易路线方面，宋代漳州海商的贸易路线主要有 3 条，北线往高丽、日本，南线达中南半岛、马来群岛诸国，西线则通过马六甲海峡进入印度洋，到达印度、锡兰以及波斯湾沿岸与东非诸国。

一、宋代漳州海外贸易航路

1. 漳州外贸航路北线

（1）漳州到高丽的航线。高丽“与日本、琉球、耽罗、黑水、毛人等国犬牙相制”，“若海道，则河北、京东、淮南、两浙、广南、福建皆可往。今所建国，正与登、莱、滨、棣相望”，即与北宋京东东路的登州、莱州、滨州、棣州隔海相望。[④] 从漳州到高

① ［宋］李焘撰：《续资治通鉴长编》卷四百零九《哲宗元祐三年三月乙丑》，中华书局 1986 年版，第 9956 页。

② ［宋］欧阳修著，李逸安点校：《欧阳修全集》卷四十，中华书局 2001 年版，第 584—585 页。

③ ［清］徐松辑，刘琳等校点：《宋会要辑稿》，第 11 册，上海古籍出版社 2014 年版，第 6340—6359 页。

④ ［宋］徐兢撰，朴庆辉标注：《宣和奉使高丽图经》卷三《封境》，吉林文史出版社 1991 年版，第 5—6 页。

丽的海上航线有 3 条：第一条是密州至高丽航线，即从漳州北上泉州、兴化、福州，经过江浙沿海，到达京东东路的密州板桥镇（今属山东胶州），从板桥镇起航，经胶州湾，东渡黄海，直达高丽国西海岸。第二条是登州至高丽航线，即从漳州北上泉州、兴化、福州，经过江浙沿海，到达京东东路的登州，再从登州的东牟县（今属山东烟台）往八角海口（今属山东烟台福山区），登船从芝冈岛（今属山东烟台）顺风航行大海，过一个晚上抵达瓮津口（今朝鲜黄海南道翁津）登陆，再陆上行走 80 千米抵高丽境内的海州（今朝鲜海州），前行 50 千米到达阎州（今朝鲜延州），继续前行 20 千米抵达白州（今朝鲜白川），最后前行 20 千米到达其国都。真宗大中祥符八年（1015），宋朝廷“诏登州置馆于海次以待使者”。第三条是明州至高丽航线。神宗熙宁七年（1074），高丽国王建议，高丽国朝贡使团从明州入贡，得到宋朝廷的同意。换言之，这是漳州到高丽的第二条海上航线，即从漳州北上，经泉州、兴化、福州，到浙江明州，从明州放洋，横渡东海、黄海直接到达高丽。漳州商人达到明州后，明州到高丽的具体航线如下：

自明州定海遇便风，三日入洋，又五日抵墨山，入其境。自墨山过岛屿，诘曲礁石间，舟行甚驶，七日至礼成江。江居两山间，束以石峡，湍激而下，所谓急水门，最为险恶。又三日抵岸，有馆曰碧澜亭，使人由此登陆，崎岖山谷四十余里，乃其国都云。①

高丽经常向宋朝纳贡，贡品主要有金银线罽锦袍褥、金银饰刀剑弓矢、名马、香药、金器、香油、人参、细布、铜器、硫黄、

① ［元］脱脱等撰：《宋史》卷四百八十七《外国传三·高丽传》，中华书局 1977 年版，第 14055 页。

青鼠皮等[1]。北宋前期，漳州海商已经比较活跃于环太平洋海外贸易领域。从神宗熙宁七年开始，漳州—登州—高丽航线、漳州—密州—高丽航线逐渐废弃，漳州—明州—高丽航线成为漳州到高丽的主要外贸航线。这种情况一直持续到元朝灭南宋、统一全国后，高丽国成为大元帝国的属国，元朝廷在高丽国设立征东行省。换言之，元朝时期漳州到高丽的航线实际上变为国内贸易航线。

（2）漳州至日本航线。可以分为两条：一条是漳州到达山东半岛后，渡海至朝鲜半岛，再沿朝鲜半岛南海岸东行，跨过对马海峡，到达日本九州岛筑前国博多湾；另一条是漳州到明州后，横渡东海，直达日本九州岛筑前国博多湾，或肥前国松浦郡壁岛（今属日本国佐贺县加部岛）。日本与宋朝相互有贸易往来。宋太宗端拱元年（988），日本大东寺喜因和尚等向宋朝廷纳贡，物品如下：

> ……贡佛经，纳青木函；琥珀、青红白水晶、红黑木槵子念珠各一连，并纳螺钿花形平函；毛笼一，纳螺柸二口；葛笼一，纳法螺二口，染皮二十枚；金银莳绘筥一合，纳发鬘二头，又一合，纳参议正四位上藤佐理手书二卷及进奉物数一卷、表状一卷；又金银莳绘砚一筥一合，纳金砚一、鹿毛笔、松烟墨、金铜水瓶、铁刀；又金银莳绘扇筥一合，纳桧扇二十枚、蝙蝠扇二枚；螺钿梳函一对，其一纳赤木梳二百七十，其一纳龙骨十橛；螺钿书案一、螺钿书几一；金银莳绘平筥一合，纳白细布五匹；鹿皮笼一，纳貂裘一领；螺钿鞍辔一副，铜铁镫、红丝鞦、泥障；倭画屏风一双；石流黄七百斤。[2]

---

① ［元］脱脱等撰：《宋史》卷四百八十七《外国传三·高丽传》，中华书局 1977 年版，第 14045 页。

② ［元］脱脱等撰：《宋史》卷四百九十一《外国传七·日本国传》，中华书局 1977 年版，第 14136 页。

日本延久四年（宋神宗熙宁五年，1072年），成寻和尚乘坐宋朝商人的船舶来中国，其从日本到中国的航路如下：延久四年三月十五日乙未，于肥前国松浦郡壁岛乘唐人船。二十日午时，北过高丽国耽罗山。二十一日未时，进入唐海。二十五日未时，始见苏州石帆山；丑时，至苏州大七山过夜。二十六日申时，着明州别岛徐翁山。①

简言之，日本到宋朝明州的航线为：日本肥前国松浦郡壁岛—高丽国耽罗岛—苏州—明州。倒过来，可以印证明州经耽罗岛到达肥前国松浦郡壁岛的航线。

宋元更替之后，元朝统一中国大陆，征服高丽国，元世祖至元十一年（1274）、十八年两度攻打日本，未果。② 随后，日本与元朝之间的官方往来基本中断。

2. 漳州外贸航路南线与南蕃诸国

宋元时期，漳州海商南下“南蕃”诸国贩易往来。这些南蕃诸国包括中南半岛的交趾国、占城国、真腊国、蒲甘国、罗斛国等，印尼群岛的阇婆、渤泥、三佛齐国等，菲律宾群岛的麻逸、蒲哩噜、三屿等。以漳州为基点，其贸易航路主要有3条：

（1）漳州至中南半岛诸国航路。这条航路从漳州沿海港口出发，经过海南岛或交趾国，“舟行约十余程抵占城国”③。从占城国南行“五七日程至真腊国”④。

---

① ［日］成寻著，王丽萍校点：《新校参天台五台山记》卷一，上海古籍出版社2009年版，第4—11页。

② ［明］宋濂等撰：《元史》卷二百零八《外国传·日本传》，中华书局1976年版，第4628页。

③ ［宋］赵汝适原著，杨博文校释：《诸蕃志校释》卷上《志国·交趾国》，中华书局1996年版，第1页。

④ ［宋］赵汝适原著，杨博文校释：《诸蕃志校释》卷上《志国·占城国》，中华书局1996年版，第9页。

交趾国，即中国汉唐时期的交州，或称交趾郡。其东南方濒海，与占城接壤，西方与白衣蛮相通，北部与广南西路的钦州接壤。当地特色物资有香料（包括沉香、蓬莱香等）、金属（含未冶炼的金、银与铁等）、朱砂、珠、贝、犀象牙、翠羽、车渠、盐、漆、木棉、吉贝等。每年向宋朝廷进贡。①

占城国位置比较优越，东边海路连通中国的广州港，西边与云南接壤，南边与真腊国交界，北边与交趾国为邻，并可以接壤中国广南西路的邕州。从泉州港出发，驾海船顺风航行 20 余程可以到达占城国。该国主要特产有香药类物品（含象牙笺、沉速香等）、奢侈品类（包括黄蜡石、犀角等）、名贵动植物类物品［含乌樠木（今称乌木）、白藤、孔雀、红鹦鹉等］以及生活用品类（包括吉贝、花布、丝绞布、白氎簟等）。中外商舶到达占城国，占城国国王马上派遣官员用黑色树皮为书写物，用白字抄写商舶货物数量，监督商人把货物带上岸，占城国国王抽取 20％的物品后，听任舶商自由交易。外国商人在占城国贩运交易的商品主要有：脑麝、檀香等香药，草席、凉伞、绢扇、漆器、瓷器等生活用品，铅、锡等金属，酒、糖等食品。占城国在唐代比较少与中国交往，五代后周时期开始派遣使者入贡，宋太祖建隆、乾德年间，占城国继续纳贡方物。太平兴国六年（981），交趾国黎桓上奏说，想将占城国俘虏的 93 人入献京师开封。太宗诏令广州通知黎桓停止献俘虏的做法，并安抚占城国。此后，占城国绵绵入贡，宋朝廷也优厚赏赐各种器物、钱物给占城国使者，嘉奖其向往大

① ［宋］赵汝适原著，杨博文校释：《诸蕃志校释》卷上《志国·交趾国》，中华书局 1996 年版，第 1 页。

宋圣化的做法。[①]

真腊国，“接占城之南，东至海，西至蒲甘，南至加罗希”，这个加罗希是三佛齐的属国。从泉州发舶放洋，“顺风月余日可到”。其国的特色产品为：香药类物品（包括暂速细香、粗熟香、笃耨脑、笃耨瓢、番油、姜皮、金颜香等），象牙、黄蜡、翠毛等奢侈品，苏木等重要木材，以及生丝、绵布等物品。而外来舶商到此贩卖，带来的交易商品有：金、银等贵金属，瓷器、凉伞、皮鼓、假锦等生活用品，酒、糖、酰醯等食品。真腊国势力较为庞大，有登流眉、波斯兰、罗斛、三泺、真里富、麻罗问、绿洋、吞里富、蒲甘、窊里、西棚、杜怀、浔番 14 个属国。唐高祖武德（618—626）年间开始与中国交往。至北宋宣和二年（1120），真腊国派遣使者入贡。[②]

（2）漳州到印尼群岛航路。从漳州出发，到达中南半岛后，“泛海南去三佛齐五日程”，[③] 三佛齐东南与阇婆相邻，东北可以到达渤泥国。

三佛齐国（唐朝称室利佛逝）在真腊国与阇婆国之间，位于泉之正南方。从漳州出发，“冬月顺风，月余方至”。三佛齐国所产的特有物品主要有 3 类：第一类是香药，有玳瑁、脑子、沉速香、粗熟香、降真香、丁香、檀香、豆蔻、乳香、蔷薇水、栀子花、腽肭脐、没药、芦荟、阿魏、木香、苏合油等；第二类是珠宝象牙类物品，有珍珠、象牙、珊瑚树、猫儿睛、琥珀等；第三

---

① ［宋］赵汝适原著，杨博文校释：《诸蕃志校释》卷上《志国·占城国》，中华书局 1996 年版，第 9 页。

② ［宋］赵汝适原著，杨博文校释：《诸蕃志校释》卷上《志国·真腊国》，中华书局 1996 年版，第 18—19 页。

③ ［元］脱脱等撰：《宋史》卷四百八十九《外国传五·占城传》，中华书局 1977 年版，第 14077 页。

类是布匹、武器之类，有番布、番剑等。当然，这些物品中除了前面7种香药是产自本土之外，其他基本上都来自大食各国，由大食各地商人运输到三佛齐。三佛齐国处于控扼南洋诸蕃国东西南北交通的咽喉之地。从这个意义上看，三佛齐是南洋诸蕃国的香药珠宝集散地，也是唐宋时期西亚与东亚海洋贸易的重要中转站。番商来三佛齐贸易，主要运来这些商品与当地人交易，即金、银、铁等金属，瓷器等生活用具，锦绫、缬绢等丝织品，糖、酒、米等食品，干良姜、大黄、樟脑等药品。三佛齐国势力较大，控制了周围不少国家，如蓬丰（《岛夷志略》作彭坑，今彭亨，在马来半岛东南部）、登牙侬（《岛夷志略》作丁家卢，今丁加奴，在马来半岛东岸上）、凌牙斯加（今马来半岛中部的北大年）、吉兰丹（今马来半岛南部的吉兰丹）、佛罗安（今马来半岛中部的帕里安港）、日罗亭（今马来半岛南部）、潜迈、拔沓（即峇搭，在那孤儿国的族名，今苏门答腊东岸北部的实格里）、单马令、加罗希、巴林冯（今印尼旧港）、新拖（今爪哇岛西北的巽他）、监篦、蓝无里、细兰等14国都是三佛齐的属国。从唐天祐（904—907）年间开始，三佛齐国开始与中国往来。至宋朝太祖建隆（960—963）年间，三佛齐3次派使者到开封纳贡。太宗淳化三年（992），三佛齐国到宋廷来控告阇婆国侵略他们，请求中国降诏书为本国助威，得到宋廷的支持。咸平六年（1003），三佛齐国向宋廷建议，在三佛齐建造一座佛寺来为宋朝皇帝祝贺圣寿，请求赏赐寺庙名字以及铜钟。太宗皇帝嘉许三佛齐国的善意，诏令该佛寺命名为“承天万寿”，并赐给该佛寺铜钟。后来在景德、祥符、天禧、元丰、元祐年间，三佛齐国陆续派遣使者来中国朝贡，宋朝廷也能够优厚赐贡、诏书嘉奖抚慰。[①]

阇婆国，亦称莆家龙国。海商大概在农历十月从泉州出发，开船放洋，借着北风昼夜航行，一个多月可以到达阇婆国。其航线应该是从漳州（泉州）经过澎湖、台湾岛南部到达白蒲延（今属菲律宾巴布延群岛）、麻逸、三屿、渤泥。[②] 从阇婆国出发，在海上向东航行 15 天，可以到达昆仑国（亦称堀伦国，据杨博文考证，此即今天的马鲁古群岛，或称香料群岛）。再从阇婆国往西北泛海航行 15 天，可以到达渤泥国；再往西北泛海航行 10 天，可以到达三佛齐国；又往西北泛海行船 7 天，到达古逻国（即三佛齐国的属国凌牙斯加国，今马来半岛中部的北大年至吉打一带）；又往西北泛海航行 7 天，到达柴历亭（即新加坡岛，马来语海峡国，古名异译）；往西北继续航行，还可以到达交趾、广州。阇婆国物产较为丰富，主要出产物：一是象牙珠宝类，含象牙、犀角、珍珠等物；二是香药类，包括玳瑁、龙脑、檀香、降真香、茴香、丁香、豆蔻、荜澄茄、红花、胡椒、苏木、硫黄等，其中胡椒为当地最具特色产品，产量巨大；三是其他类，诸如花簟（即有花纹图案的竹凉席）、杂色绣丝吉贝绫布等生活用品，槟榔、椰子酒、红色与白色蔗糖等特色食品，番剑等武器，白鹦鹉等特色宠物。日常交易媒介为当地铸造的货币。番商贩运各种物资来阇婆国贸易，主要商品有：金银等贵金属，即纯度不高的金、银以及金器皿、银器皿；丝织品，包括五色缬绢、皂绫；药物类，含川芎、白芷等中草药与朱砂、绿矾、白矾、鹏砂、砒霜等；来自中

① ［宋］赵汝适原著，杨博文校释：《诸蕃志校释》卷上《志国·三佛齐国》，中华书局 1996 年版，第 35—36 页。

② 吴幼雄：《澎湖航线研究》，《福建学刊》1989 年第 4 期。

国的高级生活用具，有漆器、铁鼎（即铁锅）、青瓷器、白瓷器等。阇婆国胡椒产量较大，是胡椒贸易的集散地。中国有些商人为了获得超额利润，常常不顾朝廷禁令，偷偷运载满船铜钱来此地贸易。宋朝廷虽然多次严申禁令，禁止铜钱出海，但是内外海商相互勾结，屡禁不止。①

渤泥国，亦称浡泥国，即婆罗洲（今属印度尼西亚加里曼丹岛）。顺风泛海昼夜航行，从渤泥国出发到阇婆国要45日程（合15天），到达三佛齐国要40日程，到占城或麻逸要30日程。渤泥国所产以香药为主，其产品主要有梅花脑、速脑、金脚脑、米脑、黄蜡、降真香、玳瑁等。中国海商、外来番商与渤泥国首领、官员及部众博易物品，为他们提供金、银等贵金属及金器、银器、假锦、建阳锦、五色绢、五色绒等高级丝织品，白锡、乌铅等药物，琉璃珠、琉璃瓶子、漆碗碟、青瓷器等高级生活用具，网坠、牙臂环等生活用品，胭脂等高档化妆品。渤泥国还有比较独特的贸易制度。外来船舶到达港口3天内，国王与眷属率领僚属官员登船慰问。舶商们用尊贵的礼仪接待，用美酒款待，并献上金银器皿、褖席、凉伞等高档生活用具作为见面礼。中国海商泊船上岸后，不急于谈生意上的事，而是天天把中国的美食佳肴奉献给渤泥国王，每到初一、十五向他们奉献贺礼。这种情况一般要持续好几个月，然后中国海商才请求渤泥国王及其主要官员商谈交易价格。商品交易价格确定之后，才击鼓邀请渤泥国民众来进行自由贸易。如果双方在没确定交易价格前就私自进行交易，会受

① ［宋］赵汝适原著，杨博文校释：《诸蕃志校释》卷上《志国·阇婆国》，中华书局1996年版，第54—55页。

到国王的惩罚。所以，中国海商去渤泥国贸易，都带上擅长烹饪中国美食的厨师。中国商船要回国时，渤泥国王也会摆下饯别宴席，以等值的梅花脑等香药、番布回赠给中国海商。渤泥国风俗中，商贾的地位比较高，如果商贾犯了死罪，一般给予对等处罚而不处死。①

（3）漳州至菲律宾群岛航路。宋朝时，漳州至菲律宾群岛航路有两条：第一条，从漳州发舶放洋，经海南岛（或广州、占城、真腊）过渤泥国，到达麻逸、三屿和蒲哩噜（今属菲律宾）等地，这是所谓的传统航线。第二条，从漳州发舶放洋，经过澎湖列岛、台湾岛南端、巴士海峡到达白蒲延（今属菲律宾群岛北部巴布延群岛）、麻逸等。这条航线最迟在南宋宝庆元年（1225）就被开辟出来了。②

麻逸国（今属菲律宾民都洛岛），位于渤泥国之北。该国出产黄蜡、玳瑁、药槟榔等香药，吉贝、于达布等纺织品，珍珠等奢侈品。而中国商人多以黄金及金器、瓷器、铁鼎、乌铅、五色琉璃珠、铁针等货物进行贸易。麻逸国的贸易制度与其他番国不同。中国商船到达麻逸国，进入文加林湾港，泊船于麻逸的官方贸易口岸附近，与当地酋长及官员交流沟通，赠送酋长礼物。按照当地交易惯例，经过允许后，当地商人蜂拥而至，用竹筏将中国商人的货物搬运走。他们只要记住当地商人及搬走的货物种类数量即可。当地商人将中国商人的货物搬运到其他岛屿销售，一般到八九月开始回来，根据所搬中国商人商品数量及种类，将相应等

① ［宋］赵汝适原著，杨博文校释：《诸蕃志校释》卷上《志国·渤泥国》，中华书局1996年版，第135—137页。

② 吴幼雄：《澎湖航线研究》，《福建学刊》1989年第4期。

值的报酬交给中国商人，当然也有逾期不归者，所以漳州商人当年回去的，以贩运麻逸的商人最晚。同时，三屿、白蒲延（今菲律宾巴布延群岛）、蒲哩噜、里银（吕宋岛中部仁牙因）、东流新（吕宋岛中部西岸马辛洛克港北边附近）、里汉（吕宋岛南部卢邦岛）等，都是麻逸的属国或属地。①

三屿，为麻逸属地之一，实际上是加麻延（今菲律宾卡拉棉群岛）、巴姥酉（今菲律宾巴拉望岛）、巴吉弄（今菲律宾布桑加岛）三个岛屿的合称。当地出产吉贝、番布、黄蜡、椰心簟等物品，中国商人带来皂绫与缬绢等高级丝织品、瓷器等高级生活用品，以及五色烧珠、铅网坠、白锡等特殊用品进行交易。每个岛屿各有大型聚落，中国商船每到达一个聚落的港口，泊船中流不靠岸，击鼓召唤当地商人出来交易。当地商人听到鼓声后，划着小船，载着当地物产前来。一般要先谈好价格，再进行交易；如果双方价格谈不拢，必须由当地商人首领亲自来谈，中国商人会送上绢等高级丝织品及雨伞、瓷器、藤笼等物品作为礼物。商定价格后，当地商人首领会留下一两人作为人质，中国商人带着商品上岸交易，交易完毕，人质放回。每次泊船交易不会超过 4 天，然后中国商人又转到其他地方进行交易。一般而言，贩运三屿的中国海商，大概到次年的四月或五月间就可以回国了。②

3. 宋代漳州外贸航路西线

这条航线可以称为宋代以来中国漳州海商的印度洋航线：通

① ［宋］赵汝适原著，杨博文校释：《诸蕃志校释》卷上《志国・麻逸国》，中华书局 1996 年版，第 141 页。

② ［宋］赵汝适原著，杨博文校释：《诸蕃志校释》卷上《志国・三屿蒲哩噜》，中华书局 1996 年版，第 143—144 页。

过马六甲海峡沿岸的单马令（今泰国那空是贪玛叻府）、蓝无里，进入印度洋，一路北上往孟加拉湾沿岸的罗斛国（今泰国华富里）、蒲甘国（今属缅甸）、注辇国等，穿过保克海峡，到达天竺、细兰（今属斯里兰卡）、南毗国等国；另一路从蓝无里直达细兰、故临，沿印度洋西岸南下，到达阿拉伯半岛大食、白达、勿斯里等国，以及东非沿岸的桑给巴尔岛等。

南毗国（今属印度卡利卡特），西临阿拉伯湾，为印度洋沿岸海港之要冲，也是西洋诸蕃国的贸易集散地。漳州商舶到达三佛齐后，顺风泛海航行，月余可以到达南毗国。该国以杂色白银为流通货币，白银钱币上刻有官府印记。当地所产的主要特色物品有珍珠等宝货、诸色番布、兜罗绵等纺织品。漳州海商认为南毗国为西北极远之地，比较少到此贸易。当地所产物品一般运到三佛齐国、吉啰（今马来半岛吉打州）、达弄（今在马来半岛西岸）销售，在当地换取大量物品：第一类是香药，包括樟脑、沉香、丁香、脑子、檀香、豆蔻、大黄、黄连等，第二类是荷池缬绢等高级纺织品，第三类是瓷器等高级生活用品。其属国有故临（今属印度喀拉拉邦南部港口城市）、胡茶辣（今属印度西部坎贝湾与卡奇湾一带的古吉拉特邦地区）、甘琶逸（今为印度西部古吉拉特邦港口城市）、弼离沙（今属印度西部古吉拉特邦坎贝湾东岸港口城市）、麻啰华、冯牙啰（即芒格洛尔，今印度西部卡纳塔克邦濒临阿拉伯海的港口城市）、麻哩抹（今印度马哈拉施特拉邦西海岸港口城市）、都奴何（今印度马哈拉施特拉邦孟买湾西北港口城市）、哑哩喏（今印度喀拉拉邦科钦市北小港口）、嗷啰啰哩（今属印度卡纳塔克邦迈索尔市沿海附近的港口）等。该国海商时罗巴、智力干父子往来于故临与中国泉州之间，南宋后期居住在泉州的城南。[①]

故临国，实际上是当时其罗国（Cheras）或杰尔国（Keralas）的一个港口，今为印度南部喀拉拉邦港口城市奎隆。[②]从南毗国发船航行，顺风5天可以到达故临。一般从泉州港出发的中国海舶泛海40多天可以到蓝无里，在这里过冬，至次年初出发，30天左右可以到达故临。当地交易有金币和银币两种，1块金币等于12块银币。故临是一个中转贸易港，每年都要从三佛齐、监篦、吉陀等国泛海发船载货来贸易，贸易商品的种类与南毗国相同。其境内有很多大食商人居住，是其境内重要的贸易力量。

注辇国（今印度泰米尔纳德邦中心），东边距离孟加拉湾2.5千米。要到达那里，到故临国换小船前往；或者从陆路到达故临后，沿着孟加拉湾西岸南下也可以到达。本地出产物品主要有：珍珠、象牙、珊瑚、玻璃、琉璃等珍宝类物品，豆蔻等香料，色丝布、吉贝布等纺织品，槟榔等特色食品。宋朝以前，注辇国与中国没有往来。至宋朝，大中祥符八年（1015）、天禧四年（1020）、明道二年（1033）、熙宁十年（1077），注辇国分别派使者来朝贡。

大食国，海路离漳泉远，海舶很难从水路直接到达。从漳泉出发，海船顺风航行40多天，到蓝无里进行贸易，并住下来过冬。到第二年再发船，泛海顺风航行60多天才能到达大食国。大食国物产丰富，大多数物品用海船运载到三佛齐、佛啰安等国贸

① ［宋］赵汝适原著，杨博文校释：《诸蕃志校释》卷上《志国·南毗国》，中华书局1996年版，第67—68页。

② ［宋］周去非著，杨武泉校注：《岭外代答校注》卷二《外国门上·故临国》，中华书局1999年版，第91页。

易，三佛齐等国商贾再转运到中国。该国有天然良港，水深有20多丈，东南濒临大海，上游支流与各地相连。海港两岸有很多商铺，每天有很多商品在这里交易，水路和陆路交通在此汇聚，商人众多。大食国主要物产有：珍宝类物品，包括珍珠、象牙、犀角、珊瑚树、猫儿睛、琉璃等；香药类商品，包含乳香、龙涎、木香、丁香、肉豆蔻、安息香、芦荟、没药、血碣、阿魏、膃肭脐、鹏砂、砗磲、栀子花、蔷薇水、没石子、黄蜡等；高级纺织品类，含织金、软锦、驼毛、布兜、罗绵、异缎等。大食土地辽阔，属国众多，主要有麻啰抹（今属也门）、施曷（今属也门亚丁湾沿线港口）、奴发（今属阿曼西木叶）、哑四包闲（今属伊朗伊斯法罕）、啰施美（即花剌子模）、木俱兰（今属巴基斯坦莫克兰）、伽力吉、毗喏耶（即马格里布，今北非西北部摩洛哥、突尼斯、阿尔及利亚等地）、伊禄（即今伊拉克）、白达（即巴格达，时为阿拔斯王朝都城）、思莲（今属伊朗波斯湾北岸法尔斯海岸的撒那威港，即塔黑里）、白莲（今巴林岛）、积吉（今伊朗马什哈德）、甘眉（今霍尔木兹）、蒲花罗（今属乌兹别克斯坦布哈拉市）、层拔（今肯尼亚桑给巴尔港）、弼琶啰（今属索马里柏培拉）、勿拔（今属阿曼濒海城市米尔巴特）、瓮篱（今阿曼苏哈尔港与马斯哈特一带）、记施（今伊朗布什尔省港口城市塔黑里附近的基什岛）、麻嘉（今麦加）、弼斯罗（今伊拉克巴士拉省省会）、吉慈尼、勿斯离等。

根据以上3条航线和航线相关国家及其土产和贸易物品可以看出，到了宋朝，中国不但在海外贸易物品种类比唐朝的种类增多，而且来自中国的海商和海舶成为南洋贸易的主力之一，海洋航线直达地中海沿岸，成为当时全球贸易的主要推动力之一。[①]

二、元代漳州海外贸易航路

到了元朝，漳州海外贸易航路、贸易国家较宋朝有所不同，以渤泥为东西洋的分界线，蓝无里为大小西洋的分界线，[②] 我们可以把漳州的海外贸易航路大致分为北洋航路、东洋航路、小西洋航路、大西洋航路。元末明初著名学者王祎在朱元璋称帝前一年（1367）任漳州通判一职，写有《临漳杂诗十首》，其第四首云："近岁兵戎后，民风亦稍衰。蕃船收港少，畲酒入城迟。绿暗桄榔树，青悬橄榄枝。熏风荔子熟，旧数老杨妃。"[③] 从这首诗可知，元末明初，漳州沿海港口有不少外国的蕃船到来贸易。

1. 元代漳州北洋航路

这主要是指从漳州到日本、高丽的外贸航路。这跟宋朝航路基本一致，即从漳州到明州，再越过东海到达高丽或日本。

2. 元代漳州东洋航路

这条航路以渤泥为界，包括漳州至中南半岛、马来半岛航路，以及漳州至菲律宾群岛航路。

（1）漳州至中南半岛、马来半岛航路。这条航路跟宋朝一致：从漳州发舶放洋，经过广州到交趾国（即安南国）、占城国、真腊国，或经海南岛至交趾国、占城国、真腊国、暹国（今泰国宋加

---

① 黄纯艳：《宋代海外贸易》，社会科学文献出版社 2003 年版，第 13 页。

② 陈佳荣：《宋元明清之东西南北洋》，《海交史研究》1992 年第 1 期。

③ ［明］王祎：《王忠文集》卷二《五言律诗》，文渊阁四库全书第 1226 册，第 41—42 页。

洛一带)、单马令等。

(2) 漳州至澎湖、琉球、菲律宾航路。这条航路从漳州发舶出洋,经澎湖、琉球,到达三屿、蒲哩噜、麻逸、苏禄等地。

3. 元代漳州小西洋航路

漳州至印尼群岛航路。这条航路从占城、真腊南下,抵达三佛齐、旧港、渤泥、爪哇等地。

三佛齐国,11 世纪中叶迁都詹卑。从龙牙门泛海顺风航行,5 天可以到达该国。元朝时期,当地出产梅花片脑、中等降真香等香药,木棉布等纺织品,以及槟榔、细花木等。漳州海商带来的贸易物品有色绢、丝布、花布等纺织品,铁锅等生活用品,以及红硝珠、铜等。

旧港,为三佛齐旧都,出产黄熟香头、金颜香、粗降真香、中等沉速香等香料,绝高鹤顶等宝货,黄蜡等药品及木棉花等。漳州海商载来的交易物品有门邦丸珠(香泥丸)、四色烧珠(玻璃珠)、麒麟粒等宝货,处州瓷器、大小水埕(坛)、水瓮等高级生活用品,铜鼎(锅)等生活用具,五色布等纺织品。

渤泥国出产降真香、梅花片脑、黄蜡、玳瑁等香药,漳州海商运来赤金、白银等贵金属及其制品,色缎等丝织品,以及铁器、牙箱等。

爪哇国,为唐宋时期阇婆国,元朝时其土地广阔,人口稠密,为东洋诸蕃国之最。交易使用铜钱和银钱,银钱一般是用银、铜、锡等混合铸造。当地土产有胡椒、极细坚耐色印布、鹦鹉等。漳州海商贩运各种药物,金银等贵金属及其制品,硝珠等宝货,青缎、色绢等丝织品,青白花碗等高级生活用品,铁器等生活用具。①

① [元] 汪大渊原著,苏继庼校释:《岛夷志略校释》,中华书局 1981 年版,第 159 页。

4. 元代漳州大西洋航路

漳州至印度洋沿岸航线。这条航路穿过马六甲海峡，经过蓝无里国，北上达罗斛国、朋加剌国（今属孟加拉国），沿孟加拉湾东海岸穿过保克海峡，进入阿拉伯海；或从蓝无里国西向，直达细兰，以及印度半岛的古里佛国、僧加剌国、南毗国等 28 个国家，横渡印度洋，抵达天方国、大秦国、麻嘉（今麦加）、马鲁涧（今属伊朗马腊格）、甘眉（今属霍尔木兹海峡）等 14 个阿拉伯半岛国家和地区，以及层摇罗（今属桑给巴尔岛）、阿思里（今属埃及东部的赛库）、麻那里（今属肯尼亚）、加将门里（今属马达加斯加岛）等 11 个东北非国家。

第二节　宋元时期漳州的海上贸易

作为海外贸易港口，漳州最迟至唐代前期开始成为蕃商的中转贸易港口，即未建郡之前，漳州的外贸港口优势已经得到部分蕃商的重视。唐代中后期至五代十国时期，陆续有不少蕃商来漳州进行香药贸易，说明这一时期漳州的海外贸易港口的地位在持续上升。至赵宋立国，漳州海商已经在海外贸易圈崭露头角。太平兴国七年（982）闰十二月，太宗皇帝诏令中提到，京师与诸州府民众缺少药物治疗，朝廷调整了禁榷药物名单，把木香、龙脑、沉香、檀香、丁香皮、胡椒、白豆蔻等 37 种香药列入放通行药物名单，以便民众获取。[①] 雍熙四年（987）六月，宋朝廷诏令云：

① ［清］徐松辑，刘琳等校点：《宋会要辑稿》之《职官》，第 7 册，上海古籍出版社 2014 年版，第 4203—4204 页。

"两浙、漳、泉等州自来贩舶商旅藏隐违禁香、药、犀、牙，惧罪未敢将出。与限陈首，官场收买。"① 这说明漳州海商大量贩运来自南蕃诸国的香药。北宋前期这两道诏令一直把漳州的海商与广南、两浙以及泉州的海商并列，这足以说明这一时期漳州的海港发达与海商的富裕程度。元丰元年（1078），神宗皇帝就指出"福建、两浙有旧贩高丽海商"。② 这些贩高丽的福建海商想必亦有漳州籍人士，即漳州海商在北宋前期活跃于东北亚海域的海洋贸易活动中。绍兴三十一年（1161）前，漳州海商黄琼父子就曾经"商贩南蕃"③；嘉定九年（1216），泉州知州真德秀《申尚书省乞措置收捕海盗》奏文中提到，当年四月"南风正行"，"漳州陈使头"及其水手、纲首近百人运回大量"过番船货"，即前往南蕃诸国贩卖中国货物之后带回来的南蕃香药。④

一、宋代漳州的海外贸易商品种类

宋代漳州海外贸易的产品，输出产品主要以丝绸、瓷器、铜钱等为主，输入产品主要以香药、珠宝等奢侈品为主。

输出产品中，漳州本地不产丝绸，应该是从其他州郡贩入，进而转贩诸蕃国。不过漳州出产"丝布"。据明人陈洪谟记载：

① ［清］徐松辑，刘琳等校点：《宋会要辑稿》之《食货》，第11册，上海古籍出版社2014年版，第6786页。

② ［宋］李焘撰：《续资治通鉴长编》卷二百八十九《神宗元丰元年五月甲申》，中华书局2004年版，第7076页。

③ ［清］徐松辑，刘琳等校点：《宋会要辑稿》之《职官》，第6册，上海古籍出版社2014年版，第3579页。

④ ［宋］真德秀：《西山先生真文忠公文集》卷十五《申尚书省乞措置收捕海盗》，宋集珍本丛刊第76册，线装书局2004年版，第46页。

“按《宋志》谓土人缉白苎杂丝为细布，价过黄金，盖极言其佳也。”[①] 这个《宋志》就是《淳祐清漳志》。换言之，宋代漳州出产丝布，这种纺织品也远销海外诸蕃国。北宋时期，高丽“不善蚕桑，其丝线织纴，皆仰贾人自山东闽浙来。颇善织文罗、花绫、紧丝……”[②]。漳州茶叶的品种主要有蜡茶、草茶等，蜡茶还是北宋早期漳州的土产之一。如在高丽国，中国蜡茶、龙凤团茶比较珍贵，颇得当地上层社会的喜爱，“商贾亦通贩”。而且，龙溪、漳浦等地也有陶瓷生产，主要以黑瓷和白瓷为主。这些瓷器中，有相当部分是作为茶具的。复以高丽为例，北宋时期，高丽上层社会比较流行喝中国茶，“迩来颇喜饮茶，益治茶具，金花乌盏、翡色小瓯、银炉汤鼎，皆窃效中国制度”[③]，即这些茶盏、茶瓯、茶汤鼎，大多是中国瓷器。如 1989 年在印尼苏门答腊东南打捞的鳄鱼岛沉船（Pulau Buaya wreck）上，发现了 11 世纪中期到 12 世纪早期漳州漳浦县罗宛井窑的瓷碗，以及漳平永福窑瓷碗。[④] 铜钱则属于走私品，宋朝周围高丽、日本及南洋诸国大多通用中国铜钱，因而需求量比较大，宋朝廷一直把打击走私铜钱作为一项长期国策。如绍兴十一年（1141）刑部规定：

诸舶船起发，贩蕃及外蕃进奉人使回蕃船同。所属先报转运司，差不干碍官一员躬亲点检，不得夹带铜钱出中国界。

① ［明］陈洪谟修：《（正德）大明漳州府志》卷十《户纪·物产·布货部》，厦门大学出版社影印明正德八年（1513）刻本 2012 年版，第612 页。

② ［宋］徐兢著，朴庆辉标注：《宣和奉使高丽图经》卷第二十三《杂俗二·土产》，吉林文史出版社 1991 年版，第 47 页。

③ ［宋］徐兢著，朴庆辉标注：《宣和奉使高丽图经》卷第三十二《器皿三·茶俎》，吉林文史出版社 1991 年版，第 65 页。

④ 上海中国航海博物馆、中国博物馆协会航海博物馆专业委员会编：《人海相依——中国人的海洋世界》，上海古籍出版社 2014 年版，第 48—67 页。

仍差通判一员谓不干预市舶职事者，差独员或差委清强官覆视。候其船放洋，方得回归。诸舶船起发，贩蕃及外蕃进奉人使回蕃船同。所委点检官覆视官同。容纵夹带铜钱出中国界首者，依知情引领、停藏、负载人法，失觉察者减三等。即覆视官不候其船放洋而辄回者徒一年。①

刑部法令规定，出国船只与国外蕃船放洋时，必须经过本路转运司“不干碍官一员躬亲点检”，确定没有走私铜钱之后，才能放行。如有违法，将受到处罚，但是处罚的力度不大，因而其实际效果不佳，铜钱走私仍然不绝。

输入产品中，主要是以香药、宝货为主，如陆游诗云：“海舶初通有药材。”宋朝廷规定了禁榷香药与非禁榷香药的种类：

（太平兴国）七年（982）闰十二月，诏：闻在京及诸州府人民或少药物食用，今以下项香药止禁榷广南、漳、泉等州舶船上，不得侵越州府界，紊乱条法。如违，依条断遣。其在京并诸处即依旧官场出卖，及许人兴贩。凡禁榷物八种：玳瑁、牙、犀、宾铁、鼊皮、珊瑚、玛瑙、乳香。放通行药物三十七种：木香、槟榔、石脂、硫黄、大腹、龙脑、沉香、檀香、丁香、丁香皮、桂、胡椒、阿魏、莳萝、荜澄茄、诃子、破故纸、豆蔻花、白豆蔻、鹏沙、紫矿、胡芦芭、芦荟、荜拨、益智子、海桐皮、缩砂、高良姜、草豆蔻、桂心苗、没药、煎香、安息香、黄熟香、乌樠木、降真香、琥珀。后紫矿亦禁榷。②

① ［清］徐松辑，刘琳等校点：《宋会要辑稿》之《职官》，第7册，上海古籍出版社2014年版，第4215页。

② ［清］徐松辑，刘琳等校点：《宋会要辑稿》之《职官》，第7册，上海古籍出版社2014年版，第4203—4204页。

上述被宋朝廷禁榷的8种物品中，也有记为“珠贝、玳瑁、犀牙、宾铁、鼊皮、珊瑚、玛瑙、乳香”，这八种禁榷物品主要是珠宝、象牙犀角、珍贵香料等奢侈品。放行交易的37种香药，主要是宋廷出于民间需求药物的考量，而且漳州佛教兴盛，也刺激了香药的需求。所以这些香药供给的种类繁多，需求量较大，商人获利较多，官府也能获得不菲的税收。

随后，宋朝廷政策有所变化。至北宋中期，朝廷要求福建路与广东路市舶司把市舶司抽解的舶货分为粗细二色，结纲搬运入京师：

> ［高宗建炎元年（1127）］十月二十三日，承议郎李则言：“闽、广市舶旧法，置场抽解，分为粗细二色搬运入京。其余粗重难起发之物，本州打套出卖。自大观以来，乃置库收受，务广帑藏，张大数目，其弊非一。旧系细色纲只是珍珠、龙脑之类，每一纲五千两。其余如犀牙、紫矿、乳香、檀香之类，尽系粗色纲，每纲一万斤。凡起一纲，差衙前一名管押，支脚乘、赡家钱约计一百余贯。大观以后，犀牙、紫矿之类皆变作细色，则是旧日一纲分为三十二纲，多费官中脚乘、赡家钱三千余贯。乞将前项抽解粗色并令本州依时价打套出卖，尽作见钱桩管。许诸客人就行在中纳见钱，赍执兑便关子，前来本州支请。”诏依旧，余依所乞。①

李则的奏文提到，在朝廷的香药分类清单中，从大观以前的1纲细色香药增为大观以后的32纲细色，相比之下增加了31种。不少香药从粗色变为细色，说明了北宋时期皇室的香药需求对市舶法令的影响，进而影响到宋朝的海外贸易格局。不久，宋朝廷

---

① ［清］徐松辑，刘琳等校点：《宋会要辑稿》之《职官》，第7册，上海古籍出版社2014年版，第4209页。

又公布了允许市场流通的香药名单：

［高宗绍兴三年（1133）］十二月十七日，户部言："勘会三路市舶除依条抽解外，蕃商贩到乳香一色及牛皮、筋、角堪造军器之物，自当尽行博买。其余物货，若不权宜立定所起发窠名，窃虑枉费脚乘。欲令三路市舶司，将今来立定名色计置起发。下项名件，欲令起发赴行在送纳：金、银、珍珠、玉乳香、牛皮筋角、象牙、犀、脑子、麝香、沉香、上中次笺香、檀香、乌文木、鹏砂、朱砂、木香、人参、丁香、琉璃、珊瑚、苏合油、白豆蔻、牛黄、腽肭脐、龙涎香、藤黄、血碣、荜澄茄、安息香、缩砂、降真香、肉豆蔻、诃子、舶上茴香、茯苓、菩萨香、鹿茸、黑附子、油脑、苁蓉、琥珀、上等螺犀、中等螺犀、下等螺犀、水银、上等药犀、中等药犀、下等药犀、鹿速香、赤仓脑、米脑、脑泥、木扎脑、夹杂银、石碌、白附子、铜器、银珠、苛子、南蕃苏木、高州苏木、随风子、青木香、干姜、川芎、红花、雄黄、川椒、石钟乳、硫黄、白木、夹杂黄熟香头、上等生香、茴香、乌牛角、白牛角、沙鱼皮、上等鹿皮、鱼胶、海南苏木、熟速香、画黄、龟、鼊皮、鱼鳔、椰心簟、蕃小花狭簟、菱牙簟、蕃显布、海南棋盘布、海南吉贝布、海南青花棋盘被单、下色瓶香、海南白布、海南白布被单、楝香、上色瓶乳香、中色瓶香、次下色瓶香、上色袋香、中色袋香、下色袋香、乳香、塌香、黑塌香、水湿黑塌香、青棋盘布紬、生速香、斫削拣选低下水湿黑塌香、黄蜡、松子、榛子、夹煎黄熟香头、白芜荑、山茱萸、茅术、防风、杏仁、五苓脂、黄耆、土牛膝、毛绝布、高丽小布、占城速香、生熟香、夹煎香、上黄熟香、中黄熟香、下笺香、石斛。下项名件，欲令本处

一面变卖：蔷薇水、御碌香、芦荟、阿魏、荜拨、史君子、豆蔻花、肉桂、桂花、指环脑、丁香、母扶律膏、大风油、加路香、火丹子、紫藤香、笃芹子、豆蔻、黑笃耨、龟童、没药、天南星、青桂头、秦皮、橘皮、鳖甲、莳萝、官桂、榆甘子、益智、高良姜、甲香、天竺黄、草豆蔻、藿香、红豆、草果、大腹子肉、破故纸、苓苓香、蓬莪术、木鳖子、石决明、木兰皮、丁香皮壳、豆蔻、乌药、柳桂、桂皮、檀香皮、姜黄、相思子、苍术、青椿香、幽香、桂心、大片香、熟缠末、潮脑、三赖子、龟头、枝实、密木、檀香、缠丁香、枝白胶香、椿香头、鸡骨香、龟同香、白芷、亚湿香、木兰茸、乌里香、粗熟香、下等丁香、下等冒头香、下等粗香头、下等青桂、片香、麝香、木蕃、槟榔肉连皮、槟榔旧香连皮、大腹、粗熟香头、海桐皮、松搭子、犀蹄土、半夏、常山、薤仁、远志、暂香、下速香、下黄熟香。”诏依。[①]

据此，绍兴三年（1133）南宋朝廷禁榷的香药丝布等物品达到 130 种，较太平兴国七年（982）的 8 种禁榷香药丝布物品几乎增加了 15 倍之多。而放行民间交易的香药也由太平兴国七年的 37 种增加到绍兴三年的 96 种，增长率接近 300%。从这个侧面也反映出宋代包括漳州在内的沿海地区香药贸易的繁荣。

绍兴十一年，南宋朝廷“重行裁定市舶香药名色”，仍然分为细粗二色，细色香药货品 67 种、粗色 273 种。

二、元代漳州海外贸易商品种类

元代漳州的海外贸易航路与贸易范围跟宋代一样，所以海外

① ［清］徐松辑，刘琳等校点：《宋会要辑稿》之《职官》，第 7 册，上海古籍出版社 2014 年版，第 4212—4213 页。

贸易的商品种类也大同小异。进口货品中，市舶司征榷的舶货也是分为粗色和细色两大类。参照庆元路市舶司的标准①：

细色舶货包括：珊瑚、玉、玛瑙、水晶、犀角、琥珀、马价珠、生珠（原注：合经抽解）、熟珠（原注：舶务合收税钱）、倭金、倭银、象牙、玳瑁、龟筒、翠毛、南安息、苏合油、槟榔、血碣、人参、鹿茸、芦荟、阿魏、乌犀、腽肭脐、丁香、丁香枝、白豆蔻、荜澄茄、没药、砂仁、木香、细辛、五味子、桂花、诃子、大腹子、茯苓、茯神、舶上茴香、黄芪、松子、榛子、松花、黄熟香、粗熟、黄熟头、速香、沉香、暂香、笺香、虫漏香、役斯宁、蟹壳香、蓬莱香、登楼眉香、旧州香、生香、光香、阿香、委香、嘉路香、吉贝花、吉贝布、木棉、三幅布罩、番花棋布、毛驼布、袜布、鞋布、吉贝纱、胡椒、降真、檀香、糖霜、苓苓香、麝香、脑香、紫矿、龙骨、大枫油、泽泻、黄蜡、八角茴香、金颜香、朱砂、天竺黄、桔梗、鹏砂、新罗漆、笃耨香、乌黑香、搭泊香、水盘香、肉豆蔻、水银、乳香、喷哒香、龙涎香、栀子花、红花、龙涎、修割香、硇砂、牛黄、鸡骨香、雌黄、樟脑、赤鱼鳔、鹤顶、罗纹香、黄紧香、赖核香、黑脑油、崖布、绿矾、雄黄、软香、脊蛉皮、三泊、马鷍香、万安香、交趾香、土花香、化香、罗斛香、高丽香、高丽铜器、荜拨、沙鱼皮、桂皮等。

粗色舶货包括：红豆、壳砂、草豆蔻、倭枋板枠、木鳖子、丁香皮、良姜、蓬术、海桐皮、滑石、藿香、破故纸、花梨木、麝香、乌木、苏木、赤藤、白藤、螺头、鲟鲇、琼芝菜、倭铁、苎麻、硫黄、没石子、石斛、草果、广漆、史君子、益智、香脂、花梨根、椰子、铅锡、石珠、炉甘石、条铁、红柴、螺壳、相思

① ［元］王元恭修，王厚孙、徐亮纂：《至正四明续志》卷第五《市舶物货》，中华书局1990年影印本，第6502—6504页。

子、豆蔻花、倭橹、芦头、椰簟、三赖子、芜荑仁、硫黄泥、五倍子、白术、铜青、甘松、花蕊石、合蕈、印香、京皮、牛角、桂头、镬铁、丁铁、铜钱、鹿皮、鹿角、山马角、牛皮、牛蹄、香肺、焦布、手布、生布、藤棒、椰子壳、生香粒、石决明、梔明、云白香、真炉、黄丁、断白香、暂脚香、画黄、杏仁、历青、松香、磨珠、细削香、条截香等。

三、宋元时期的漳州海商

宋元时期福建有比较浓厚的商业气息，漳州也不例外。正如两宋之交的綦崇礼所言："七闽之俗逐末。"[①] 刘一止《李弥逊除徽猷阁直学士知漳州》更是明确指出，漳州为"瓯闽一方，被山带海，其地狭隘险阻，其俗趋利剽轻"。[②]

1. 漳州海商类型

目前所见的史料中，宋元时期有具体名字的漳州海商有两人，即黄琼和陈使头。

宋代漳州海商可以分为平民和官户两大类。从文献记载来看，上文提及的黄琼及其父亲属于平民海商，官方也称其为"漳州平民"。这些平民海商应该有很大一部分是船户。南宋高宗时期丞相吕颐浩曾说"海舟以福建为上"。福建路所造尖底船较为先进，"每面阔三丈、底阔三尺，约载二千料"，适合于当地"海道深阔"

---

① ［宋］綦崇礼撰：《北海集》卷三十一《启·漳州到任谢两府启》，文渊阁四库全书第1134册，台湾商务印书馆1986年版，第718页。

② ［宋］刘一止撰：《苕溪集》卷三十七《外制·李弥逊除徽猷阁直学士知漳州》，文渊阁四库全书第1132册，台湾商务印书馆1986年版，第184页。

的水文状况。[①] 宋朝官僚们也知道，“漳、泉、福、兴化，凡滨海之民所造舟船，乃自备财力兴贩牟利而已”。[②] 换言之，只要是船户都有可能是海商。至南宋绍兴前期，出于抵抗金国入侵的需要，朝廷要求船户入官籍，统一管理，必须“轮流差使”，服役时，船户当然不能出海了，否则，将遭到严厉处罚。《宋会要辑稿·食货》载：

> ［绍兴二年（1132）］八月十一日，侍御史江跻言：“福建路海船，频年召募把隘，多有损坏，又拘縻岁月，不得商贩，缘此民家以有船为累，或低价出卖与官户，或往海外不还，甚者至自沉毁，急可悯念。乞令本路沿海州县籍定海船，自面阔一丈二尺以上，不拘只数，每县各分三番应募把隘，分管三年，周而复始。（过）［遇］当把隘年分，不得出他路商贩。使有船人户三年之间，得二年逐便经纪，不失本业，公私俱济。其当番年分辄出他路，及往海外不肯归回之人，重坐其罪，仍没船入官。如本州县纲运，即轮差不及一丈二尺海船。其系籍把隘船户，本州县纲并不得差使。”诏权令官户并同编民，仍委帅臣、监司自绍兴三年将本路海船轮定番次。其当番年分辄出他路，并从杖一百科罪，其船仍没官。所有今年募到人，与理充一次。[③]

这里提到这些船户在非“当番年分”可以“逐便经纪”，自行到其他路贩卖，或开展海上贸易，维持生计，可以“公私俱济”。

---

① ［清］徐松辑，刘琳等校点：《宋会要辑稿》之《食货》，第 12 册，上海古籍出版社 2014 年版，第 7130 页。

② ［清］徐松辑，刘琳等校点：《宋会要辑稿》之《刑法》，第 14 册，上海古籍出版社 2014 年版，第 8365 页。

③ ［清］徐松辑，刘琳等校点：《宋会要辑稿》之《食货》，第 12 册，上海古籍出版社 2014 年版，第 7128 页。

绍兴六年（1136），漳州知州廖刚在《漳州到任条具民间利病五事奏状》中提到，“本州今年来已差过一百二十余只”海船，按照每3年甲、乙、丙3番计算，则漳州1丈2尺以上的海船至少有360只，即资本相对较多的海船户至少有360户。

另一个漳州海商陈使头当属官户海商。“使头”不是他的名字，而可能是其职位，或某些官员的仆从头目。① 他们或许自己造船，也可能从平民船户手中低价收购海船，到诸路以及海外贩运货物。绍兴三年（1133）以后，他们需要跟平民海船户一样轮番把隘。

2. 商业资本

官营资本。绍兴五年（1135），南宋朝廷“有诏差纲措置分委官于沿海产米州县随市价收籴粮斛一十五万石，逐旋差雇舟船，由海道搬运至福、泉、漳州交割，如能依期籴买，起发数足，不致骚扰，当议优与推恩”。同年六月二十九日，福建路转运判官章杰向朝廷上奏说：“其米一十五万石并各已收籴了足，分纲差官管押赴行在下卸，别无骚扰，及无陈腐湿恶。”②

---

① 如绍兴元年（1131），知兴国军李仪被其仆人称为“使头”，则“使头”应该是知州、知军的别称，或俗称（见［宋］徐梦莘：《三朝北盟会编》卷一百四十五《炎兴下帙四十五》，文渊阁四库全书第351册，台湾商务印书馆1986年版，第327页）。但检阅《（正德）大明漳州府志》，嘉定（1208—1224）年间漳州没有陈姓知州上任（［明］陈洪谟修：《（正德）大明漳州府志》卷三《吏纪·历官志上》，第108—109页）。而程大昌云：“盖‘使头’衔使之人也，首也‘使下’者，为某使所辟而隶属其下者也，取其事之显者而言之。节度使者，今之安抚使也。安抚之属，有御史，有郎官，故朝列文移，明曰‘使下御史’，或曰‘使下郎官’，以别于在朝之御史、郎官也。既尝命使属以为使下，故后人因缘命使下为仆从，如今人以仆从为仆射及军长为司徒之类。”（［宋］程大昌撰，许逸民校证：《演繁露校证》续集卷六《唐宪衔使头使下》，中华书局2018年版，第1492—1493页）。

② ［清］徐松辑，刘琳等校点：《宋会要辑稿》之《食货》，第12册，上海古籍出版社2014年版，第6888页。

私人资本。这是宋元时期漳州商业资本中最多的部分。民户自己出资造船或买舶，自行经商贩运。当然也有私人之间“连本纽财”合伙经营的情况。

3. 宋代漳州海商的资本经营模式

一般而言，宋代海商的资本经营有3种模式，即自营、借贷经营、“合本博易”。自营模式：嘉定五年（1212）九月，臣僚向朝廷报告说：“漳、泉、福、兴化，凡滨海之民所造舟船，乃自备财力兴贩牟利而已。”① 借贷经营模式：正常情况下，在资本不足时，宋代海商会通过借贷来满足自己的资金需求，如绍兴三十年（1160）左右，黄琼的父亲向当时泉州南外宗正司知宗赵士衎借贷，“所负倍称之息”。合本博易经营模式：宋代海商远洋至南蕃诸国贸易，路途遥远，历年才能返回，获利较大，同时也存在较大风险。合本博易，或者合股经营，成为规避风险、保证利益的很好选择。南宋秦九韶《数书九章》记载一个例题就是关于海商甲、乙、丙、丁四人分别用金、银、盐、盐钞、度牒作为资本，“合本博易”且“互借为同本”，至南蕃诸国贩易。录文如下：

> 问：有海舶赴务抽毕，除纳主家货物外，有沉香五千八十八两、胡椒一万四百三十包（原注：包四十斤）、象牙二百一十二合（原注：大小为合斤两俱等），系甲、乙、丙、丁四人合本博到。缘昨来凑本，互有假借，甲分到官供称：甲本金二百两、盐四袋、钞一十道，乙本银八百两、盐三袋、钞八十八道，丙本银一千六百七十两、度牒一十五道，丁本度牒五十二道、金五十八两八铢，以上共估值四十二万四千贯，甲借乙钞，乙借丙银，丙借丁度牒，丁借甲金。今合拨各借

---

① ［清］徐松辑，刘琳等校点：《宋会要辑稿》之《刑法》，第14册，上海古籍出版社2014年版，第8365页。

物归原主名下，为率均分上件货物。欲知金、银、袋盐、度牒原价及四人各合得香、椒、牙几何？

按：题意谓甲金、乙盐、丙银、丁牒，原本不同，互借为同本，买得香、椒、牙三色。今有互借各物及同本贯数，求原本以分所买之物。盖方程而廉衰分之法也。甲、乙二条，内盐、钞二色寔即一色，先言盐袋数，乃一钞之数，以钞数乘之，始为盐数。是钞数既赘，又不明言其故，皆故为隐晦也。

答曰：甲金每两四百八十贯文，本一十二万四千贯文，合得沉香一千四百八十八两、胡椒三千五十包一十一斤五两五十三分两之七、象牙六十二合；

乙盐每袋二百五十贯文，本七万六千贯文，合得沉香九百一十二两、胡椒一千八百六十九包二十一斤二两五十三分两之六、象牙三十八合；

丙银每两五十贯文，本一十二万三千五百贯文，合得沉香一千四百八十二两、胡椒三千三十七包三十九斤五两五十三分两之二十三、象牙六十一合四分合之三；

丁度牒每道一千五百贯文，本一十万五百贯文，合得沉香一千二百六两、胡椒二千四百七十二包八斤三两五十三分两之十七、象牙五十合四分合之一。①

这个例子反映出海商经过了 3 次商业合作。第一次是 4 人各自出资合本，其中海商甲以金、盐、钞为本金，海商乙以银、盐、钞为本金，海商丙以银、度牒为本金，海商丁以度牒、金为本金，4 人本金估值共 424000 贯；第二次是 4 人相互借贷，“甲借乙钞，

① ［宋］秦九韶：《数书九章》卷十七《均货推本》，商务印书馆 1936 年版，第 421—423 页。

乙借丙银，丙借丁度牒，丁借甲金”，应是要风险同担、利益共享；第三次是4个海商与海船舶主合作，舶主以海舶入股，海舶回到市舶司抽解之后，舶主可以抽分剩下的货物，即所谓“纳主家货物”，之后合本4人便根据本金估值的多少，来分割这些舶货，最后由自己处理。

由此也可见，宋代漳州海商资本的形态有金、银、铜钱等金属货币，也有盐钞、度牒等有价信用凭证，还有盐、海舶等实物。

第三节　明初的海禁与走私

一、明朝初年的海禁政策

福建漳州地区自唐陈政、陈元光父子入闽开漳以来，不断地被开发和经营，社会经济逐步发展。朱元璋于吴元年（1367）在太仓黄渡设立市舶司，掌管海外诸蕃朝贡市易之事。洪武三年（1370），朝廷罢太仓黄渡市舶司，改设于浙江、福建、广东，不久之后又罢市舶司，实行严厉的海禁政策，只允许在“朝贡”的名义下与外国发生交往。洪武四年，出于对抗方国珍、张士诚的考虑，朝廷曾经下令将方、张二人所属的兵民内迁，并且同时将兰秀山没有田粮的老百姓都充当船户，编入卫所，以加强对他们的管理。除此之外，朱元璋还下令禁止濒海百姓私自出海活动。紧接着，洪武十四年，朱元璋再次下令“禁濒海民私通海外诸国”。洪武二十三年十月，朱元璋再次诏令户部重申严禁百姓交通外番的命令："诏户部申严交通外番之禁。上以中国金银、铜钱、缎匹、兵器等物，自前代以来不许出番，今两广、浙江、福建愚民无知，往往交通外番，私易货物，故严禁之。沿海军民官司纵令私相交易者，悉治以罪。"洪武二十七年，他又下令严禁民间使用海外各种产物，其曰："禁民间用番香番货……凡番香番货，皆不许贩鬻，其见有者，限以三月销尽，民间祷祀，止用松柏枫桃诸香，违者罪之。"以此杜绝一切海外私贩的可乘之机。由此可见，早在明朝刚建立后不久的一段时间内，朱元璋就几次颁布禁止百姓私出海外、交通外国的法令。

永乐元年（1403），明成祖朱棣下诏恢复泉州、明州、广州市舶司。永乐二年，朱棣再次针对福建沿海地方百姓私载海船交通外国的现象重申了海禁的原则："禁民下海，时福建濒海居民，私载海船，交通外国，因而为寇。郡县以闻，遂下令禁民间海船。原有海船者，悉改为平头船，所在有司防其出入。"① 永乐六年，还添设交趾、云南提举司，从事朝贡贸易管理。永乐三年，泉州、明州、广州三市舶司还专门设立驿馆，接待来华使者蕃商。泉州驿馆曰来远，浙江曰安远，广州曰怀定，主要接待日本、琉球、占城和西洋各国使者。

二、郑和下西洋

明永乐年间，郑和奉皇帝之命七下西洋，书写了世界航海史上的伟大篇章。当时，漳州府人王景弘作为郑和的重要助手同行，并在第七次下西洋返航途中郑和逝世于古里的情况下率领大明船

① 《明太宗实录》卷二十七。

队安全返航。《明史·郑和传》记载："永乐三年六月，命和及其侪王景弘等通使西洋。"费信《星槎胜览》记载："太宗文皇帝继统文明之治，格于四表，于是屡命正使太监郑和、王景弘、侯显等开道九夷八蛮，钦赐玺书礼币。"郑和本人于宣德六年（1431）亲立的《娄东刘家港天妃宫石刻通番事迹碑》和《天妃之神灵应记碑》也都称王景弘为正使太监。由此可见，在下西洋使团中，王景弘与郑和都处于正使地位。王景弘对明初远航的贡献不亚于郑和，作为一个闽南人，他能以闽南语和水手、火长直接交流，他比郑和更熟悉航海，是郑和船队中不可或缺的人物。郑和死后，他又受命第八次航海，是为死于中国的苏门答剌使者报信。根据《明史》记载，王景弘在这次的航海中，将苏门答剌国王的弟弟哈尼者汗带回明廷，朝拜大明天子。当时，漳州卫将士杨振（震）、王敬忠、周信、周用、康成、徐子禄、常斌、刘伯名、刘忠义，镇海卫祝铭、曹义、郭兴、陆祥、毛荣、廖芳、李赤、郑进、郑良曼、陈清、汪亚记、陈剪儿、陈荣、王诸儿、王友荣、岳崇、王懋等人也参与了郑和下西洋的活动，他们当中有的随舰出征，也有的留守福建担负后勤工作。①

在郑和下西洋的庞大舰队中，有众多水手为漳州人。巩珍在《西洋番国志·自序》中写道：每次下西洋，"始则预行福建广浙，选取驾船民梢中有经惯下海者称为火长，用作船师"。② 当时的官府和航海界有些人"主张行船之人断非漳人不可"，明朝册封琉球的封舟"须用漳人""多用漳人"。从天竺各国前往日本长崎的商

---

① 陈自强：《郑和下西洋与漳州——纪念郑和下西洋 600 周年》，《漳州师范学院学报（哲学社会科学版）》2004 年第 4 期。

② ［明］巩珍著，向达校注：《西洋番国志》，华文出版社 2017 年版，第 5—6 页。

舶，“其船主、火长皆漳州府人”。册封舟也多由漳州人建造，如万历七年（1579）册封琉球使团正使萧崇业记：“漳、泉之匠，善择木料，虽舵牙、橹棍之类，必务强壮厚实。”封舟一般都执造“漳人过洋船式”。[①] 副使谢杰也说道：“漳匠善制造，凡船之坚致赖之。”此外，白艚船是漳泉一带船厂所造，型制与福船相类似，“大者可载二三千石，中者可载七八百、一千石，下者可载五六百石，故福建多用之”。这一时期的航海技术较之前代有了很大的进步，例如，广泛使用海图和航路指南，建立了具有航海推算与修正意义的针路系统，并在此基础上绘制了航海图；指南针的应用技术更为成熟，出现了专门记录详细针路的书籍；吸收了阿拉伯的航海术，建立过洋牵星系统。

就这样，随郑和下西洋和天顺年间潘荣出使琉球的大量水手积累了丰富的航海知识和经验，这些都为明代漳州地区海外贸易的进行提供了便利条件。此后，越来越多的漳州子弟沿着郑和、王景弘下西洋的航线，离开桑梓，到达异域，展开新的人生旅程。时至今日，漳州角美鸿渐村仍有一座供奉郑和及王景弘的“二太保庙”，庙里面供奉两尊神像，黑红面居左的是郑和，粉红面居右的是王景弘。案前有一清代石香炉，正面刻有“太保公”3 个字。

三、私人海上贸易禁而不绝

一般认为，漳州人的海上贸易活动从明中叶正德以后开始，

---

① ［明］陈侃撰：《使琉球录》卷上《造舟》，《台湾文献史料丛刊》第 3 辑第 55 册，台湾大通书局印行，第 93—94 页。

并成为海上走私最为活跃的一部分人。其实，尽管明代立国之后实行海禁政策，福建漳州地区上至守土官兵，下至黎民百姓，仍不断地参与海洋贸易活动，时刻挑战着明廷的权威。例如，宣德八年（1433）八月，福建发生了漳州卫指挥同知石宣等人通番的事件。再如，宣德九年三月，巡按福建监察御史黄振奏漳州卫指挥覃庸等私通番国。本来，明廷实行卫所制度，以加强对地方的控制，而自明初以来就屡次重申的海禁政策很大程度上需要沿途卫所官兵的具体实施。然而，从这两起漳州卫官兵私通番国的事件来看，卫所不仅没能起到阻止百姓出海通番的作用，反而自己也投身其中，无视海禁政策的存在。

正统十四年（1449），明廷再次重申濒海居民私通外国之禁，福建巡海佥事董应轸言："旧例濒海居民贸易番货，泄漏事情，及引海贼劫掠边地者，正犯极刑，家人戍边，知情故纵者，罪同。比年民往往嗜利忘禁，复命申明禁之。"① 然而，这些海禁令和严厉的惩罚都不能阻挡东南沿海各省居民向海洋进军的步伐，私人海上贸易已初显端倪。"漳州海门口居民八十余户，计三百九十余口，旧种田地三百余亩，递年为海潮冲塌，且别无产业，唯倚海为势，或持兵驾船兴贩私盐，或四散登岩劫掠为害。"②

此时，诏安湾的漳潮居民也被带动起来，从而孕育出漳州航海贸易势力的两个子系统：九龙江口海湾地区以漳州府龙溪县、漳浦县和泉州府同安县人为主体，诏安湾地区以漳州府梅岭、铜山和潮州府饶平、南澳人为主体，以闽南方言为纽带，结成十百

---

① ［清］陈寿祺等撰：《福建通志》卷二百七十《洋市》，清同治十年（1871）重刊本之影印本，华文书局股份有限公司 1968 年版，第 5127 页。

② 李国祥、杨昶主编，薛国中、韦洪编：《明实录类纂·福建台湾卷》，武汉出版社 1993 年版，第417 页。

梅岭半岛（钟晓桐供图）

成群、各自活动的地域性海上群体。他们通过琉球国这个中介，间接恢复了和南海诸国的经济交往。而琉球国则利用东南海商在传统东亚贸易网络的缺位，进入“大交易时代”。①

根据光绪年间《漳州府志》的记载，景泰四年（1453），谢骞由御史出任漳州知府，到任之后发现地方上，“近海如月港、海沧诸处，民多货番为盗，骞下令随地编甲，随甲置总；每总各置牌，以联属其人户，约五日赍牌赴府一点校，其近海违式船只，皆令拆卸，以五六尺为度，官为印照……每船朝出暮归，或暮不归，即令甲总赴府呈告。有不告者，事发连坐。”由此可见，早在景泰年间，漳州府属龙溪县的月港、海沧等地方的老百姓就已经在从事通番贸易活动了。谢骞上任之后，针对这一现象，下令在地方上编甲、置总等以加强管理。另外，谢骞还命令沿海违反制式规定的船只都要拆除，而往后造船均必须以五六尺为限，由地方官府发给印照，才能出海行驶。与此同时，所有船只均必须早上出港，日暮前回港，不回者则要求甲总到知府衙门呈明报告。若有

① 杨国桢：《十六世纪东南中国与东亚贸易网络》，《江海学刊》2002 年第 4 期。

知道而不报告者，将受到连坐的惩罚。从这一事件可知，永乐年间实行的沿海船只必须改为平头船的政策，早已是一纸空文，海禁政策的执行程度也已经大打折扣。

在这种情况下，龙溪县八九都地的月港，距离漳州府治所在地大约 25 千米，尽管唐宋以来仅仅是九龙江海滨的一个不起眼的聚落，但在私人海上贸易不断兴起的年代里，月港居民纷纷下海贸易，交通外域，一些商人成为海外诸国的使者，向明朝进贡。如正统三年（1438），“爪哇国使臣亚烈、马用良，通事良殷、南文旦奏，臣等本皆福建漳州府龙溪县人，因渔于海，漂堕其国。今殷欲与家属同来者还其乡，用良、文旦欲归祭祖造祠堂，仍回本国。上命殷还乡，冠带闲住，用良、文旦但许祭祖，有司给口粮、脚力”。甚至出现了一些老百姓冒充明廷使臣，前往海外各国进行贸易活动的事件，如成化七年（1471），“福建龙溪民丘弘敏

诏安梅岭望洋台（钟晓桐供图）

与其党泛海通番，至满剌加及各国贸易，复至暹罗国，诈称朝使，谒见番王，并令其妻冯氏谒见番王夫人，受珍宝等物”。后来，丘弘敏一行回到福建，被守口官兵拿获，当时的巡按御史洪性以此上奏朝廷，丘弘敏等 29 人被判以死刑，而其中年龄比较小的 3 人发配广西边卫，丘弘敏的妻子冯氏罚为功臣之家当奴婢，其从海外买回来的 4 个番人则被押解到京城论罪处置。与此同时，巡按御史洪性还向成化帝上奏，说另有同为龙溪县人的康启道等 26 人也参与了通番，并且还曾经行劫海上。

成化八年（1472），福建再次传来龙溪县民泛海通番的消息，“福建龙溪县民二十九人泛海通番，官军追之，拒捕，为风破其舟，浮水登陆被获，下狱多瘐死，伏诛者十四”。泛海通商的兴盛反映了当地居民生计模式正逐渐地发生改变。此外，通番贸易队伍当中还有豪门巨室的身影，他们也因为海外贸易的巨大利益而参与其中。明代龙溪县人张燮在其著作《东西洋考》中记载了这一历史场景：“成、弘之际，豪门巨室间有乘巨舰贸易海外者。奸人阴开其利窦，而官人不得显收其利权。初亦渐享奇赢，久乃勾引为乱，至嘉靖而弊极矣。”① 以至于后来崇祯年间编撰《海澄县志》的人发出了“成弘之际，称小苏杭者，非月港乎”的感叹。月港及其周边地区在隆庆开海之前私人海上贸易的盛况由此可见一斑。

明代初年，漳州地区海寇的活动非常频繁，他们不仅杀害官军，还主动进攻明军要塞，甚至攻略城池。例如，宣德五年（1430）八月，漳州府龙溪县海寇登岸，杀人掠财。巡海指挥杨全

① ［明］张燮著，谢方点校：《东西洋考》卷七《饷税考》，中华书局 1981 年版，第 131 页。

领军不救。正统十四年（1449）三月，海贼驾船十余艘迫福建镇海卫悬钟千户所，攻围城池。官军射却之。景泰三年（1452）九月，福建漳州府贼首郑孔目等通番为寇，敌杀官军，掳去署都指挥佥事王雄。[①] 兵部言：浙、福并海接壤，先年漳民私造双桅大船，擅用军器火药，违禁商贩，因而寇劫。王民应说："漳泉地方，如龙溪之五澳、诏安之梅岭、晋江之安海，诚为奸盗渊薮。但其人素少田业，以海为生，重以不才官吏科索倍增，禁网疏阔，无怪其不相率而为盗也。"[②]

到了正德（1506—1521）年间，这样的情形愈演愈烈。当时，龙溪张氏家族有族人私造巨舶将通番，恰逢其族人张绰奉调两广顺道过家时发现，对其进行了规劝和阻止，焚舟而告终。倘若张绰没有及时发现并加以制止的话，其宗党私造的巨舶也就下水出洋了。

不仅如此，月港地方上经济的繁荣甚至引来了盗贼的窥视，一时之间，地方官府无力禁止，明朝军队也一度应接不暇："澄在郡东南五十里，本龙溪八九都地，旧名月港。唐宋以来为海滨一大聚落。明正德间，豪民私造巨舶，扬帆外国，交易射利，因而诱寇内讧，法绳不能止。"另外，海澄《儒山李氏世谱》中有云："海澄，本龙溪八九都，旧志月港。正德间，土民私出海货番诱寇，禁之不止。"又有，嘉靖《东南平倭通录》中也说道："浙人通番皆自宁波定海出洋，闽人通番皆自漳州月港出洋。"

---

① 李国祥、杨昶主编，薛国中、韦洪编：《明实录类纂·福建台湾卷》，武汉出版社1993年版，第488—489页。

② ［明］王民应：《条处海防事宜仰祈速赐施行疏》，载陈子龙等选辑：《明经世文编》卷二百八十三，中华书局1962年版，第2996页。

四、朱纨治理浙闽沿海

明代中叶，中国东南沿海地区的通番贸易愈演愈烈。嘉靖二十六年（1547）七月，嘉靖皇帝将担任巡抚南赣汀漳的朱纨改调为提督浙闽海防军务、巡抚浙江，开府杭州，以加强对闽浙沿海的控制。

朱纨，字子纯，长洲人，正德十六年（1521）进士，初任景州知府，后一路升迁，嘉靖二十五年擢为右副都御史，巡抚南赣。在东南沿海倭患日益严重的情况下，嘉靖皇帝改朱纨提督浙闽海防军务，巡抚浙江。朱纨上任之后，针对性地实行了一系列政策和措施，其中革渡船、严保甲等手段确实取得了一定的成效。但这些措施不仅使浙江、福建两省普通百姓的日常生计受到了影响，也损害了一些世家大族的利益，他们对朱纨产生了怨恨的心理。稍后，福建诏安发生的走马溪之战，成为浙江、福建籍官员弹劾朱纨的强有力证据之一。在这种情形下，朱纨发出“去外国盗易，去中国盗难。去中国濒海之盗犹易，去中国衣寇之盗尤难”的感慨，然后饮药而亡。

朱纨死后，明廷撤除巡视大臣的设置，此后相当长的一段时间内，“中外摇手不敢言海禁事”。在此背景下，各种力量纵横东南海洋之上，终酿嘉靖倭乱之大祸。

五、加强军事管理——安边馆、靖海馆、海防馆

福建沿海地区自明代宣德年间便开始有漳州卫官兵私通番国的记录。景泰年间，月港、海沧等处居民亦多通番为生。经过了

成化、弘治、正德年间的发展和积累，月港渐有“南方小苏杭”之称，参与治理闽浙地方的朱纨也称月港为“闽南一大都会”。然而，月港因私人海上贸易而繁华一时的景象，是建立在扭曲了的海禁政策之上的，这样的繁华背后隐藏着危机。

明廷首先做出的反应是加强对该地方的军事控制。在倭乱日益严重的嘉靖年间，明廷针对福建特别是漳州月港的情况，出台了以下措施：嘉靖九年（1530），都御史胡琏认为漳州海寇纵横，而巡海使者远在数百里之外，缓急非宜，上疏请开镇于漳州；同一年，明廷在海沧设置了安边馆。到了万历年间，国家承平既久，巡海道复归会城，而漳州奏请特设分守漳南道。[①] 嘉靖三十年，明廷设置靖海馆，以安边馆官兵往来巡缉。到了嘉靖四十二年，中丞谭纶上疏奏请增设海防同知一员，镇抚兹土。

从嘉靖三十六年起，福建开始有了专任巡抚的设置，不久又“兼提督军门”。明人郭造卿论及，“闽，经略之大者，系于督镇。盖闽之巡抚，自正统前侍郎杨勉始也。至成化末，王继而后或罢遣矣。嘉靖间，胡琏、朱纨、王忬兼闽浙巡视，事平而不常设，专设自阮鹗始。未几而兼提督军门矣。”[②] 军事建制的一步步提高，显示了明廷对治理倭乱的努力，同时也是月港地方海洋社会日益受到朝廷重视的表现。

紧接着，明廷还采取了中原王朝的传统做法——增加行政治所，以加强对地方社会的控制。福建地区新增的几个县都是在地方多盗、社会秩序混乱的背景下设置的，不论是内陆山区的寿宁、

---

① ［清］顾炎武撰：《天下郡国利病书·福建篇》，四部丛刊三编 25 史部，上海书店 1985 年版，第 112 页。

② ［明］郭造卿：《闽中经略议》，载顾炎武撰：《天下郡国利病书·福建篇》，四部丛刊三编 25 史部，上海书店 1985 年版，第 10 页。

永安、漳平、宁洋等县，还是沿海地区的诏安、海澄二县，都是如此。《天下郡国利病书》也谈道："历考闽属……每因寇乱，设县即定。建宁之设寿宁，延平之设永安、大田，漳州之设漳平及近日宁洋、海澄，而无不定者，独汀州当三省之交，成化六年设归化，而其地盗少。"这样的措施是中原体制的体现，官修志书《明世宗实录》的记载更是言简意赅地说明了这一观念的根深蒂固："初设福建海澄、宁洋二县，以其地多盗故也。"

本来，早在嘉靖二十七年（1548）的时候，柯乔、朱纨、金城等官员就曾经建议在月港增设县治以安地方，后来由于当时地方平静下来而没有具体付诸实施。

前文已有提及，面对海乱之后的月港，嘉靖四十二年，中丞谭纶上疏明朝中央，奏请增设海防同知一员，坐镇月港，成为"建县置长之先声"。后来，张维事件结束之后，沿海社会重新恢复到相对平静的局面。混乱过后，民心思定。地方士绅李英、陈銮等人在京城叩请明廷同意在月港增设新县，以利地方。其中，李英还从官员设置、设县的利益冲突、设县以弭寇乱以及新县城建设之费用来源等几个方面加以论述。

设置海澄新县是明廷的又一项新措施。可以说，这也反映了

位于梅岭的悬钟所城（钟晓桐供图）

当时月港地方老百姓的心声。月港兴起于私人海上贸易的背景下，成弘以来“南方小苏杭”的称号固然是当地人的骄傲，可同时也引来了海盗的窥视，老百姓的正常生活秩序被打乱。因此，代表地方利益的士绅们提出了在月港设立县治的要求。而明廷之所以选择在月港设立海澄县，是因为这个地方民间走私贸易猖獗、倭乱严重，对东南沿海的海防安全已然构成威胁。为此，明廷考虑在月港增加行政治所，来加强对当地社会的管理。这也反映了海防政策是明清海疆政策的基础和前提。国家只有海防安全得到了保障，才有讨论其他政策的可能。这一原则在后来的“隆庆开海”也有体现，即“隆庆开海”就是在东南海疆较为平静的历史背景下才得以实现的。

于是，嘉靖四十四年（1565），当时漳州知府唐九德建议割龙溪一都至九都及二十八都之五图并漳浦二十三都之九图，凑立一县，巡抚汪道昆、巡按王宗载上疏明廷，得到批准，新县名曰海澄。县治告成之后。海澄县辖三坊五里，东抵镇海卫、西界龙溪、南界漳浦、北界同安，境内凡广八十里、袤五十里。海澄设县的具体时间在各种文献中的记载基本一致，均为隆庆元年（1567），如《海澄县志》有云：“隆庆元年设县，将二都分为二堡，八都……”明人柯挺也说：“澄以寇盗充斥，龙邑鞭长不相及也，于是割龙邑为澄，其邑创自隆庆之元年……”①

① ［明］柯挺：《周侯新开水门碑记》，载《（乾隆）海澄县志》卷二十二《艺文志·记》。

第二章

樯桅万杆集月港

——明中后期漳州月港的兴盛

第一节　月港“洋市”的开设

明太祖朱元璋立国之后，定下了明王朝海禁政策的基调。然而，东南海洋区域却与通番和走私结下了不解之缘，上至守土官兵，下至黎民百姓，不断地参与到海洋贸易活动中，时刻挑战着明廷的权威。在通番和走私大军中，他们与明廷一来一往，终酿嘉靖倭乱之祸。为了加强管理，明廷在东南沿海设置了许多军事设施，甚至为了达到更好的管理目的，还对原有的行政区划作了一些调整，如设立海澄县，寓意“海疆澄静”。与此同时，明廷也开始对原先的海禁政策进行反思，并作了适时调整。此后，以漳州月港为始发地的海商驰骋万里，东南沿海社会亦在合法的海洋贸易中平稳地实现蓬勃兴盛的发展，并逐渐享有“天子南库”的美称。

一、隆庆开海

经过了十几年的嘉靖倭乱，东南沿海地方有了喘息的时间，明廷内部也开始对以往的政策进行反思和调整。早在嘉靖末年的时候，福建巡抚谭纶就在他离任之前，向朝廷上奏《善后六事疏》，其中把“宽海禁”列为善后未尽事宜之一。[①] 尽管当时明廷没有立即采取措施，但其主张对后来隆庆开海的实现起了一定的作用。

学术界关于隆庆开海的描述，一般认为是隆庆元年（1567），当时的福建巡抚都御史涂泽民提请开海禁，得到朝廷的批准，同意在福建漳州月港部分开放海禁。然而，笔者通过对原始资料的阅读，发现真实情况并非如此。

1. 关于隆庆开海的时间

首先，笔者查阅了《明穆宗实录》官方文献，找到隆庆元年关于福建巡抚涂泽民的记载有几条，但是并没有其请求明廷开放海禁、贸易东西二洋的相关记录。

其次，明代龙溪县人张燮应漳州地方官员之请而写成的《东西洋考》一书，是专门描述隆庆开海之后漳州地区海外贸易情况的著述，是明代末期海外贸易的“通商指南”。[②]《东西洋考》写成于万历四十四年（1616），次年即由漳州地方官主持刻印出版。后来，张燮又参与了崇祯年间海澄历史上第一部县志的编修，故崇祯《海澄县志》的主要内容及观点大多承继《东西洋考》一书。

---

① ［明］谭纶：《善后六事疏》，载陈子龙等选辑：《明经世文编》卷三百二十二，中华书局1962年版，第3432页。

② 张燮著，谢方点校：《东西洋考》之《前言》，中华书局1981年版，第5—12页。

因此可以说，张燮的《东西洋考》是今人了解当时情况的第一手资料。关于隆庆开海，张燮是这样说的：“（嘉靖）四十四年，奏设海澄县治。其明年，隆庆改元，福建巡抚都御史涂泽民请开海禁，准贩东西二洋。”① 嘉靖四十四年（1565），奏设海澄县治，其明年是指嘉靖四十五年，这一年，明世宗朱厚熜去世，其子裕王朱载垕继位，改元隆庆。所以，张燮说的“其明年，隆庆改元”，并没有明确指出开海禁的时间就是隆庆元年。

再来看看同时代其他人的有关记载，如万历二十年至二十二年（1592—1594）在任的福建巡抚许孚远曾上《疏通海禁疏》，疏中有云：“于是隆庆初年，前任抚臣涂泽民，用鉴前辙，为因势利导之举，请开市舶，易私贩而为公贩，议止通东西二洋，不得往日本倭国，亦禁不得以硝黄铜铁违禁之物，夹带出海。奉旨允行，几三十载，幸大盗不作而海宇宴如。”又，顾炎武在《天下郡国利病书》中说道：“隆庆初年，巡抚福建涂泽民题请开海禁，准贩东西二洋。”

因此，从上面几则史料的对比可以了解到：开海禁的时间大致为隆庆初年，但是具体为哪一年，由于材料的限制，并不能很确切地知道。

2. 关于隆庆开海的地点

隆庆初年，福建巡抚涂泽民请开海禁，其最开始选择的地点并不是海澄县的月港，而是诏安县。关于这一点，《东西洋考》一书中有这样的记载：“先是发舶在南诏之梅岭，后以盗贼梗阻，改道海澄。”可见，起初开放海禁的地点是诏安县的梅岭，后来是因为盗贼猖獗才改道海澄。关于这方面的内容，我们可以从清人顾

① ［明］张燮著，谢方点校：《东西洋考》卷七《饷税考》，中华书局 1981 年版，第 131 页。

祖禹的《读史方舆纪要》一书中的记载得到印证："（诏安）悬钟山：在县东南三十里，距悬钟所十里，滨海。漳舶出洋，旧皆发于此，原设公馆，主簿镇焉。后设县，镇废，以其地屡为倭寇所凭，发船移于海澄。"

那么，诏安的梅岭与悬钟山之间又存在着什么样的关系呢？《读史方舆纪要》一书中紧接着有这样的叙述："悬钟之北，又有梅岭，为戍守处。嘉靖四十四年，戚继光败贼吴平于此。"顾炎武在其《天下郡国利病书·福建篇》中也有这样的记载："梅岭安边馆：在海滨。嘉靖甲子，剧寇吴平巢于此，都督戚继光追逐遁去，收其余党尽歼之，筑京观于此。"① 此外，还有："安边馆：在四都之梅岭，濒海有公馆，后废。漳之洋舶，其先实发于此。后以其地屡为倭寇所凭，发船移于海澄。"所以，诏安的梅岭作为隆庆开海讨论中最早议定的港口应属无疑。同时，其他文献资料的相关记载也提供了一些背景信息。如《天下郡国利病书·福建篇》中有这样的记载："隆庆二年，吴平伙党贼首曾一本犯诏安。九月，复寇饶平、诏安，副总兵张元勋领兵由陆路截杀于盐埕，又大败之于大牙澳。三年五月，曾一本贼船数百屯于云盖寺、柘林等澳，闽广军门会兵，于六月内进兵剿灭之，边境始安。"这些隆庆年间关于兵事情况的记载，为前文提到的"先是发舶在南诏之梅岭，后以盗贼梗阻，改道海澄"的政策调整提供了佐证。

其实，海澄设县是明廷基于倭乱平定后加强地方控制的考虑。开海禁则成为明朝廷大致理顺地方海上贸易秩序的又一措施，当时具备条件的港口也不仅仅是海澄的月港，还有泉州的安平港、诏安的梅岭港等，事实也正是如此——"先是发舶在南诏之梅岭，

① ［清］顾炎武撰：《天下郡国利病书·福建篇》，四部丛刊三编 25 史部，上海书店 1985 年版，第 117 页。

后以盗贼梗阻，改道海澄”。梅岭是沿海人民更习用的外贸港口，只是当时官方势力还不足以对抗盗贼势力，才退而选择了盗贼势力相对较弱的海澄月港。

就今天所能见到的材料而言，张燮完成于万历四十四年（1616）的《东西洋考》一书是关于隆庆开海情况记载的第一手资料，后来《海澄县志》和《漳州府志》等各种地方志书显然参考了他的观点，就是顾炎武的《天下郡国利病书》中的记载也可见其影子。而官修《明实录》中没有隆庆开海的记载，更无具体开海地点的信息，这或许是当时人认为开海违背了皇朝祖制，故意对这段实录作了删改。张燮体会到明王朝的这种主流意识，便在具有官方色彩的《海澄县志》中淡化了这一内容。

《福建通史·明清卷（第四卷）》中说到，当时人们并未真正认识到这一政策内涵的实质。在许多人看来，这只是一个新设县的“土政策”，没有多大意义。因此，不要说明代的史著，就连当地的《海澄县志》对此事发生的具体过程，亦是记载不详。[①] 其实，就张燮的《东西洋考》一书而言，前面已经提到，其是记载明末海澄舶商海外贸易情况的专著，应海澄和漳州的地方官之请而作是其重要的成书背景之一。可以说，至少在当时的漳州地方，官府和普通百姓均已认识到隆庆开海的重要意义。作者张燮出生于万历二年（1574），当时海澄舶税的征收已经制度化，对于之前隆庆开海的情况虽然不是亲身经历，但就当时条件而言，是可以调查清楚的。因此，笔者认为，张燮《东西洋考》一书的记载是比较可靠的，福建巡抚涂泽民请开海禁的时间应为隆庆初年。海澄设县于隆庆元年，其治所选择在月港。但隆庆开海并非一开始

---

① 徐晓望主编：《福建通史·明清（第四卷）》，福建人民出版社 2006 年版，第 164 页。

即确定为月港，而是因为当时首选的诏安县梅岭存在“盗贼充斥”的特殊形势才退而选择了月港。因此，后人以为隆庆元年既设立海澄县治，同时又开海禁于月港的认识失之偏颇。

二、海澄舶税征收的制度化

隆庆开海伊始，朝廷并没有马上就制定出一整套相应的管理措施，只是在实践中才逐渐形成了一些规章，而任职于当地的官员在海洋管理政策的制度化方面功不可没。譬如，直到隆庆六年（1572）才开始对出海商民征收商税。“隆庆六年，郡守罗青霄以所部雕耗，一切官府所需倚办，里三老良苦。于是议征商税，以及贾舶。贾舶以防海大夫为政。”紧接着，万历初年，福建巡抚刘尧海奏请，将督饷馆所征收的岁额 6000 的舶税用于漳州地方的兵饷上。这一过程也表明了通洋收利并非明朝统治者的初衷，此时朝廷考虑的政治利益要大于经济利益。因此可以说，海澄设县、隆庆开海，以及月港海商私人贸易的合法地位得到确认，初衷与结果都是明廷对沿海地方社会的控制得到进一步的加强。与此同时，海澄舶税的收入对于福建军事方面的财政支出起了很大的支持作用。

首先，明廷对出海商船征收的是引税，每艘商船必须向海防官员申请商引以获得出海的许可。刚开始时，往东西洋的船只需缴纳税银 3 两，往鸡笼（今台湾基隆）、淡水及广东的船只需缴纳税银 1 两，后来各增加一倍。这时候的督饷馆不仅仅是专门管理海外贸易的机构，还包括了对沿海地区商船、渔船往来的管理。直到万历十八年（1590），朝廷才最终确定其对海外贸易进行管理的独特地位，所征收的商税也因此专称为洋税。另外，起初对于普通商民出海申请文引的数量、贸易的目的地和船只都没有明文规定，只以百张为率向上级申请，用完之后再补上即可。而到了万历十七年，巡抚周寀才提出把东西二洋的番舶数以政策的形式规定下来，明确每年给引 88，后来又因为走私船只的增多，增加到 110 引。[①]

除了引税之外，出海商民还须向朝廷交纳其他的税种，如水饷、陆饷以及加增饷等。以船只宽度为标准征收的水饷，是向船商征收的一种税，是万历三年刘尧诲担任福建巡抚的时候，在当时漳州的海防同知沈植提出草案的基础上加以修订的，还包括了其他一些关于征税的细节。陆饷是以货物的多少为标准来征收的一种商税，由铺商方面来交纳。[②] 从史料的记载可知，早在万历三年相关征税措施出台的时候，官府就已经制定了陆饷的征税规则。由于陆饷的征收是依货物的价格而规定的，而货物的价格会随着市场的变化而变化，因此到万历十七年的时候，海防同知叶世德向上级官员作了汇报，要求就陆饷征收的标准作相应的调整。时任福建巡抚周寀支持叶世德的意见，出台了新的陆饷抽税则例。货物陆饷的征收标准依市场价格而变动，体现了地方官府的灵活性和能动性。万历四十三年，督饷馆再次调整货物的陆饷抽税则例。

自隆庆开海之后，吕宋成为众商云集的贸易中心。通过西班牙人和中国的海商，漳州月港—马尼拉—阿卡普尔科之间形成了长达百年之久的贸易链。由此，美洲的白银源源不断地进入中国。在这种情况下，中国的海商络绎不绝地把本土的货物运送到马尼拉贩卖，然后把西班牙人从美洲运来的白银输送回月港。福建地

① ［清］顾炎武撰：《天下郡国利病书·福建篇》，四部丛刊三编 25 史部，上海书店 1985 年版，第 100 页。

② ［明］张燮著，谢方点校：《东西洋考》卷七《饷税考》，中华书局 1981 年版，第 132—147 页。

方官府也注意到了这一现象，专门针对从吕宋运载白银回国的商船出台政策，规定他们在除了征收引税、水饷和陆饷之外，每艘船只还必须追加征收白银150两，故称之为“加增饷”。后来，因一些商人认为负担太重，朝廷便于万历十八年（1590）将加增饷调整为每船120两。[①]

众所周知，粮食对于国计民生有着重要的意义，古往今来，由粮食引发的一系列问题成为中外官府不可忽视的重要课题。自明代中叶以后，福建地方就有了缺粮问题，特别是沿海地区的福州、兴化、泉州、漳州四府。值得注意的是，“田尽斥卤”的现实情况让沿海四郡几个濒海县地的老百姓饱受耕种之苦。

于是，自明中叶以后，特别是隆庆开海之后，福建地方依靠浙江、广东两省的米粮海运至闽，以缓解民食之忧。在海氛较为平静的社会环境下，这样的情形是比较容易实现的，老百姓的日常生计也能较好地维持下来。反之，如果碰到旱荒以及海氛混乱的年份，福建地方的粮食供给就会受到很大的影响，普通百姓泛海经商的活动也会受到制约。于是，福建沿海地区的官府和民间各方也致力于各种保障工作的开发，如漳州兴修九龙江下游两岸各种农田水利工程，明末海澄知县梁兆阳在三都海沧地方设置义仓等。[②] 到了万历年间，开始有较多的出海商民从海外运载大米回国。起先，明廷对于这类米粮的进口是采取不征陆饷的政策，随着海外大米进口的不断增加，福建地方官府才逐渐出台相应的则例以规范其操作。因此，万历四十五年（1617），漳州府督饷通判王起宗请求对载米回月港的商船进行征税，规定出海商船除了

① ［明］张燮著，谢方点校：《东西洋考》卷七《饷税考》，中华书局1981年版，第132页。

② ［明］梁兆阳：《三都建义仓记》，载《（乾隆）海澄县志》卷二十一《记》。

50 石食米之外的海外粮食都要依照番米规则纳税。从这一事件可以看出从月港出发贩洋的商人在万历年间贸易情况的细微变化，以及当时海外大米对福建粮食问题有所缓解的一段历史往事。

除此之外，万历四十四年（1616），推官萧基眼看商困，条上恤商厘弊凡十三事，得到当时分守参知洪世俊的支持。洪世俊还将此事上达中丞。

就这样，海澄舶税（洋税）的征收一步步走向制度化，每年 2 万多两的税银数额是官府一直以来比较稳定的收入。现根据《东西洋考》卷七《饷税考》的记载，整理如下：

表 1　海澄舶税（洋税）征收情况

时间	征收税银
隆庆六年（1572）	3000 两
万历三年（1575）	6000 两
万历四年（1576）	10000 多两
万历十一年（1583）	20000 多两
万历二十二年（1594）	29000 多两
万历四十三年（1615）	23400 两①

① 张燮之《东西洋考》卷七《饷税考》有云：“（万历）四十一年，上采诸臣议，撤寀珰还。诏减关税三分之一，漳税应减万一千七百。当事悉罢五关杂税，独以洋商罗大海之重利，即不减犹可支持，仅蠲三千六百八十八两，然不可谓非圣世洪洞之恩也。”又，“万历四十三年，恩诏量减各处税银。漳州府议东西二洋税额二万七千八十七两六钱三分三厘，今应减银三千六百八十七两六钱三分三厘，尚应征银二万三千四百两。”可见，万历四十一年，应减万一千七百的漳税，并不单指罗大海之重利的洋税，三千六百八十八两才是当年应减的海澄饷税的数额，这与万历四十三年应减银三千六百八十七两六钱三分三厘的情况比较吻合。万历四十三年，东西二洋的税额应征二万三千四百两，而万历四十一年的情况也应该相去不远。后来崇祯十三年，给事中傅元初上《请开洋禁疏》有“万历年间，开洋市于漳州府海澄县之月港，一年得税二万有余两，以充闽中兵饷”，即是明证。因此，《明代漳州月港的兴衰与西方殖民者的东来》一文中，作者认为万历四十一年海澄饷税为 35100 两的观点有误。（详见《月港研究论文集》，中共龙溪地委宣传部、福建省历史学会厦门分会编印，1983 年，第 168 页。）

由上面的表格数据可以看到，海澄饷税刚开始征收时，隆庆六年仅有3000两，到万历三年饷税就已经翻了一番为6000两，万历四年开始，海澄的饷税就突破万两，万历十一年增加到2万多两，万历二十二年在相关政策的影响下更是一度达到2.9万多两，此后的数额一直保持在2万多两。可以说，洋税不断攀升的大好形势出乎明朝廷意料。以海澄这一区区弹丸之地，而岁有2万多两的饷银收入，不得不引起明廷从中央到地方的各方关注。随着时间的推移，朝堂上甚至出现了“当事疑税饷赢缩，防海大夫在事久，操纵自如，所申报不尽实录”的言论，怀疑防海大夫是否利用手中的职权欺上瞒下，进而采取“岁择全闽府佐官一人主之”的办法，以流动性的官员来督海澄的饷税，使其“及瓜往返，示清核，毋专利薮”。①

从海澄舶税征收的制度化过程来看，刚开海禁的时候，朝廷并没有出台相应的措施对海外贸易进行有效的管理。尽管经朝廷允许开了海禁，但是嘉靖（1522—1566）年间倭乱的往事还历历在目，是故福建各级官员，上自巡抚，下至督饷官，都小心谨慎地揣度着朝廷的圣意——这个政策究竟是长期的呢，还是朝廷的权宜之计呢？因此刚开始的时候，福建地方官员谁也不敢把事情往自己身上揽。而有着海外贸易传统的广东、浙江两省，其地方官员对于开放海禁并不热衷的情况也正好说明了官员的普遍态度——多一事不如少一事。其实，不只是福建地方官员，当时的朝廷起初也不想实施什么带有指向性的举措，而是在庙堂之上时刻关注着地方的一举一动，琢磨着开海的程度、力度怎样，对其统治秩序会产生什么样的影响。

---

① ［明］张燮著，谢方点校：《东西洋考》卷七《饷税考》，中华书局1981年版，第133页。

随着时间的推移，福建地方官员发现开海贸易不会出什么乱子，相反地，还给地方带来了稳定的税收来源，对漳州的兵饷起了很大的支持作用，以至于崇祯十二年（1639），给事中傅元初上《请开洋禁疏》，其中谈道："万历年间，开洋市于漳州府海澄县之月港，一年得税二万有余两，以充闽中兵饷。"[①] 万历（1573—1620）年间关于"泉漳分贩东西洋"的讨论就是海澄洋利日益重要的反映。而明朝廷方面也觉得有限制的开海并不会对其全国的统治构成威胁，相反地，还减轻了漳南的兵饷负担。因此，普通百姓出洋贸易的相应措施得以提出，得到朝廷的允许，并颁布并施行。

综上所述，海澄舶税征收制度化的过程是朝廷与地方慢慢磨合的过程，是朝廷与地方双方努力的共同结果。

第二节　月港民间海外贸易的勃兴

一、月港的形胜与主要港口

杨博《总论天下郡县疏》指出，漳州"以海为襟"，而月港、海沧等地为"溟渤要害"，[②] 即月港靠海，为战略要地，也是海外

① ［明］傅元初：《崇祯十二年三月给事中傅元初请开洋禁疏》，载顾炎武撰：《天下郡国利病书·福建篇》，四部丛刊三编 25 史部，上海书店 1985 年版，第 33 页。

② ［明］王锡爵增定，沈一贯参订：《增定国朝馆课经世宏辞》卷十四《台省名臣章疏类（一）》，四库禁毁书丛刊本，集部第 92 册，北京出版社 1997 年版，第 470 页。

贸易的重地。在海澄县未设立之前，月港地属漳州府龙溪县八都、九都（今属漳州市龙海区海澄镇），位于龙溪县县治东南 25 千米处，是九龙江入海口，“外通海潮，内接淡水”，为漳州海上交通与内陆航运的交汇点。相传月港“港水萦绕如新月，月色晶莹照港湾”，“其形如月，故名”①。《嘉靖龙溪县志》记云，月港“南接田尾港溪源，北接西溪上流，潮汐吞吐，通舟楫……两涯商贾辐辏，一大市镇也”②。明人《建城议》云，月港“朝丹暮霞，潮汐吞吐，气象豪雄，舟楫流通，商贾辐辏”。明末泉州籍吏部郎中傅夏器《王公城碑记》云：“漳之南山麓所延，水势所趋。至龙溪县之八都、九都而会海。其地之形，水萦如月然，故为月港。人烟辐辏，商贾咸聚。顾其地，滨海际无涯，风涛出没无常。”林魁《安边馆记》亦云龙溪“月港、海沧、沙坂、崧屿、长屿、漳浦悬钟、徐渡诸澳，绵亘数百里，东际大海，南密诸番”，往东南为海洋，可以直达吕宋等地。

漳州西部诸河流向东流入大海，九龙江为主要干流。九龙江，亦称龙溪，是闽南最长的河流，合北溪、西溪二溪，朝东南一路浩荡前行，经石码、海澄注入海洋。月港地名最初指的就是从海澄港口沿南港顺流往东入海，直至海门岛的这一段九龙江入海口港道。明初漳州府通判王祎《临漳杂诗十首》云“雨溪遥合港，大海暗通潮”，正德时期福建都司掌印都指挥佥事杨勋《威镇亭》诗云“东北帆樯接闽越，西南水陆会潮汀”，反映了西溪北溪合并通海潮，另有南溪到港接海潮的盛况。九龙江入海口有沙洲。

① ［明］梁兆阳修，蔡国祯、张燮等纂：《（崇祯）海澄县志》卷一《舆地志·形胜》，书目文献出版社影印崇祯六年（1633）刻本 1992 年版，第 329 页。

② ［明］刘天授修，林魁纂：《嘉靖龙溪县志》卷一《地理》，天一阁藏明代方志选刊第 32 册，上海古籍书店 1981 年影印本，第 16 页。

《（乾隆）漳州府志》引旧《郡志》云："鹿石槐浦行过峡而迤蜒，龙头虎甲折西方而交会。西溪北溪合海潮而奔进于外，南溪倒港接海潮旋绕于内。席帽峙其前，三洲拥其后。""席帽"是指紫帽山，"三洲"是锦江冲击而成的沙洲紫泥洲、浒茂洲、乌礁洲。

月港周围主要的河流有港口江、南溪等。港口江来自延平府和汀州府，"数百里而来，合九龙江及西、南溪之水，同入于海。潮汐吐吞，黏天浴日，浩然大观"。而南溪则距离海澄县治大约3千米，"受渐山、濠浔诸水，沿泰江、浮宫入于海"；而"大海之水自浮宫而入"，南溪与海潮在海澄县的南岐铺头山会合，"倒流纡綖，而分绕于邑内"，所以铺头山也称为到港山。

其周围港口主要有：卢沈港，自石马镇下大江而入卢沈地方，上通龙溪。普贤港，在九都，其上有普贤庵。海沧港，流通石篱，下有桥市。东头港，在东头山下。圆通港，在赤石江，小鱼生焉，是称珍物。鸿江港，在郑井鸿江社。①

唐宋以来，月港逐渐发展成为龙溪县滨海地区的一大聚落。人口渐稠，交易增多，宋朝在此设立海口镇，"收海道商税"。②宋神宗熙宁十年（1077），龙溪县海口镇税务的年税额为1391贯539文，比同一时期长泰县在城税务的年税额1040贯844文要多350余贯，③ 这大部分应归功于月港海外贸易带来的税收。元末明初，朝代更替，月港也受到影响，海外贸易萎缩。至明朝前期，社会相对稳定，"生齿日繁"。至正德八年（1513），月港

① ［明］梁兆阳修，蔡国祯、张燮等纂：《（崇祯）海澄县志》卷一《舆地志·形胜》，书目文献出版社影印崇祯六年（1633）刻本1992年版，第329页。

② ［明］刘天授修，林魁纂：《嘉靖龙溪县志》卷二《公署·古迹》，天一阁藏明代方志选刊第32册，上海古籍书店1981年影印本，本卷第25页。

③ ［清］徐松辑，刘琳等校点：《宋会要辑稿》之《食货》，上海古籍出版社2014年版，第6341—6342页。

“人烟繁盛，商贾辐辏，海艘溪舶皆集于此，为漳南一大市镇”。《（崇祯）海澄县志》亦云：“正德间，豪民私造巨舶，扬帆他国，以与夷市。”《天下郡国利病书》亦云：“月港者，龙溪海上一大都会也。”

二、以海为生：月港人的生活习俗

1. 月港人的“海国”生计

明代王世懋指出，漳州人“以舶海为恒产”。王起宗认为，漳州“海国也”，“其民毕力汗邪，不足供数口。岁张艅艎，赴远夷为外市，而诸夷遂如漳突奥间物云”。[①] 月港靠海，当地人自然能够以海为生。时人云：“闽为岐海，而诸邑于海最近者莫若澄”，“邑人以海为生活，小艇渔歌，每截流而横绝岛；巨航宝货，羌趁舶而狎贾胡”。[②] 明末海澄人詹海章《宴海楼赋》云：“斥卤多而沃腴少，居民因海以为田，取给于鱼虾蚌蛤而为利，商贾多逐末以谋生，舟车辐辏而奔驰。”由此可见，月港民众有海利之便，除了农民，多以做渔民和海商为主。

《嘉靖龙溪县志》云：“海乡之民多业渔，往往浮家泛宅。其目有罾艚、网艚、罛艚之类，皆为机网，以取鱼海潮上。渔舟西归如乱叶，人多于鱼，利之厚薄可知矣。”即月港近海渔民太多，捕鱼获利较小。而月港海商的情况不一样。《嘉靖龙溪县志》云：“商人贸迁，多以巨舶行海道，所获之利颇厚。时有飓风之险，亦

---

① ［明］张燮著，谢方点校：《东西洋考》之《序》，中华书局 1981 年版，第 13 页。

② ［明］梁兆阳修，蔡国祯、张燮等纂：《（崇祯）海澄县志》卷一《舆地志·形胜》，书目文献出版社影印崇祯六年（1633）刻本 1992 年版，第 329 页。

冒为之。”[①] 他们为了丰厚的利益，制造巨大海船，不惜冒飓风狂浪之险去海外贸易。而造一艘远洋大船成本较高，漳州沿海民众往往集资造船，“装土产，径望东、西洋而去，与海岛诸夷相贸易”。[②] 这是漳州府沿海民众的常见风气。如嘉靖二十六年（1547），漳州月港多家海商“造过洋大船，往来暹罗、佛郎机诸国，通易货物”；同时，漳州海商与泉州海商还与日本海商贸易往来，“倭亦以巨航至”。嘉靖中，“有佛郎机船载货泊浯屿，漳龙溪八九都民及泉之贾人往贸易焉。巡海道至，发兵攻夷船，而贩者不止”。其中就有龙溪县八、九都海商张维、洪迪珍等 24 人，共集资建造一至两艘远洋大船，“接济番船”。不久，张维、洪迪珍等 24 人干脆号称“二十四将”，“官兵不能制”。[③]

2. 月港海商的海洋知识

自唐代以来，漳州沿海商民逐渐积累了丰富的海洋知识，包括潮汐知识、可靠的航海经验和海洋气候经验。

首先看漳州出海商民对潮汐的经验总结。漳州府龙溪县正德八年（1513）的潮汐记录：

> 漳州府所领六县，唯龙溪、漳浦二县近海，故潮汐入焉。龙溪县潮由濠门、海沧二夹港入，分为三派：一派入柳营江，至北溪止；一派入浮宫，至南溪止；一派入福河，绕郡治南，过通津门，至西溪止。……所谓潮汐者，昼潮以朝至，故名潮；夜潮以夕至，故名汐。总而言之，皆谓之潮也。其为消

---

① ［明］刘天授修，林魁纂：《嘉靖龙溪县志》卷一《地理》，天一阁藏明代方志选刊第 32 册，上海古籍书店 1981 年影印本，本卷第 16 页。

② ［清］顾炎武撰，黄珅等校点：《天下郡国利病书》，上海古籍出版社 2012 年版，第 3091 页。

③ ［清］顾炎武撰，黄珅等校点：《天下郡国利病书》，上海古籍出版社 2012 年版，第 2968—3106 页。

长也，各应时而至，如初一、初二昼潮以卯时长、午时消，夜潮以辰时长、子时消；至初四、初五，则昼潮以辰时长、未时消，夜潮以戌时长、丑时消，率两日而移一时。其为大小也，各应候而至，如每月初三日潮大，初十日潮小，十八日潮大，二十五日潮小，率八日而一变。至于每岁，则卯酉二月皆大，而酉月为尤大。夫潮候在天地间应时应候，毫发不爽。①

这个记录包含正德八年（1513）龙溪县倒灌入江潮汐的地点、数量，以及每月潮汐的具体时间。这是现有文献中有关龙溪县潮汐的最早记载。

《嘉靖龙溪县志》对漳州沿海的潮汐进行了进一步总结：

候潮之法，以太阴每日所躔天盘子、午、卯、酉之位而定其消长。月临于午则为长之极，历未及申、酉则极消；消极复长，以至于子，又为长之极；自是至卯而消，复至于午而极盛。此其大较也。然月顺天右行，积三十日，始一周天，每日临子、午、卯、酉四位时有先后，故潮因之亦有昼夜、早暮之不同云。

初一、初二、十六、十七，潮至在巳、亥二时；

初三、初四、初五、十八、十九、二十，潮至在子、午二时；

初六、二十一，潮至在未、丑二时；

初七、初八、初九、初十、二十二、二十三、二十四、二十五，潮至在申、寅二时；

① ［明］陈洪谟修：《（正德）大明漳州府志》卷七《山川志·龙溪县》，厦门大学出版社影印明正德八年（1513）刻本2012年版，第443—445页。

十一、十二、二十六、二十七，潮至在卯、酉二时；

十三、十四、十五、二十八、二十九、三十，潮至在辰、戌二时。

右分为六节，应月消长。月行虽有常度，大率朔望前后则行疾，至上下弦则行稍缓。月行疾则度赢而潮盛，月行缓则度缩而潮微。水阴气月为阴之母，其相应如此。①

《嘉靖龙溪县志》编于嘉靖十四年（1535），距离《（正德）大明漳州府志》编定的正德八年（1513）才20余年。嘉靖十四年龙溪县候潮法总结得比较清晰，主要以太阴天盘四位法为基本理论。

崇祯六年（1633）刻印的《海澄县志》也有记载：

（前略）漳人之候潮也，夜则以月，昼则以时，于指掌中从日起时，顺数三位，长半满，退半尽，以六字操之，无毫发爽。海上渔者，于海啸则知风，海动则知雨。潮退则出，潮长则归。其方言云："初一、十五，潮满正午；初八、廿三，满在早晚；初十、廿五，日暮潮平。"又云："月上水翻，流月斜水，半月落水。汐尽，潮则呼曰南流上，汐则呼曰北流落。"……至海外之潮已平，而内溪犹长，则气盛而未收。俗所云"港尾水"，又云"回流水"是也。海口以潮平为度，其穿达支流，仍以百里而缓……论曰：澄昔故荒薮也。建邑以来，顿称望国。因天因地，存乎其人；王气所钟，自觉二仪永奠、三辰重朗者焉。观象度形，前借斯具；高丘远浦，备加采撷。绮望咸罗，试展卷而思长。维照夜殊胜于烛燎，

① ［明］刘天授修，林魁纂：《嘉靖龙溪县志》卷一《地理》，中华书局上海编辑所1965年影印宁波天一阁藏明嘉靖刻本，本卷第22—23页。

成图无假于聚米矣。[1]

这说明，至明朝末年，月港人的候潮法更为便利，可以在指掌细数，民间总结更为详尽。至于"驾舟洋海"，商人们不仅凭风力、潮信来判断，也可以参照月亮、北斗来夜航。这反映出漳州海商更加丰富的远洋航行经验。

3. 航海经验总结

漳州海商常年以海为家，航行于海洋之间，如"比岁海滨人视越贩为常事""夫越贩起于富人射利""舶主土豪……走波涛中"，与佛郎机等诸夷及南番诸国交相往来。[2] 经过数百年乃至千余年的探索，漳州航海者对海洋气候、海道、航行技巧、沿线诸国风土人情都有比较深入的了解。《（崇祯）海澄县志》云："至于驾舟洋海，虽凭风力，亦视潮信，以定向往。或晦夜无月，唯瞻北斗为度。"[3]

明末漳州府龙溪县人张燮《东西洋考》对海澄海商的航海经验有详细总结：

> 海门以出，洄沫粘天，奔涛接汉，无复崖埃可寻，村落可志，驿程可计也。长年三老鼓枻扬帆，截流横波，独恃指南针为导引。或单用，或指两间，凭其所向，荡舟以行。如欲度道里远近多少，准一昼夜风利所至为十更。约行几更，可到某处。又沉绳水底，打量某处水深浅几托（方言谓长如

① ［明］梁兆阳修，蔡国祯、张燮等纂：《（崇祯）海澄县志》卷一《舆地志·形胜》，书目文献出版社影印崇祯六年（1633）刻本1992年版，第330—331页。

② ［清］顾炎武撰，黄珅等校点：《天下郡国利病书》，上海古籍出版社2012年版，第3105页。

③ ［明］梁兆阳修，蔡国祯、张燮等纂：《（崇祯）海澄县志》卷一《舆地志·形胜》，书目文献出版社影印崇祯六年（1633）刻本1992年版，第331页。

两手分开者为一托）。赖此暗中摸索，可周知某洋岛所在，与某处礁险宜防。或风涛所遭，容多易位；至风静涛落，驾转犹故。循习既久，如走平原，盖目中有成算也。[1]

张燮的《东西洋考》可以说是明末海外贸易的“月港通商指南”。他明确指出，远洋航行主要依靠指南针，已经发展出单针与双针导航，并以“更”作为航程计算单位，以“托”为海洋水文测量单位。这样，月港的海商就能比较充分地掌握以月港为中心的17世纪西太平洋贸易航路信息，掌握了远洋航行导航工具、航程及其计算方法、定位方法等。当然，因为《东西洋考》是张燮当时应海澄县令陶鎔、漳州府督饷馆别驾王起宗之邀而作，属于半官方身份，能够充分搜集到各种信息。他“间采于邸报所抄传，与故老所诵述，下及估客、舟人，亦多借资”，多是一手资料，比较真实可靠。

顾炎武《天下郡国利病书》也有对漳州海商航海经验的记载：

（漳州）商舶，则土著民醵钱造舟，装土产，径望东、西洋而去，与海岛诸夷相贸易。其出有时，其归有候。广洋巨浸，船一开帆，四望唯天水相粘无畔岸，而海人习知海道者，率用指南针（即罗经）为其导向。相传有《航海针经》，针或单用，或指两辰间。以前知某洋岛所在，约更时当行水路几许，打量水深浅几托（方言“几仞”为“几托”），海中岛屿作何状，某洋礁险宜慎，或风云气候不常，以何法趋避之。异时海贩船十损二三，及循习于常所往来，舟无恙若安

① ［明］张燮著，谢方点校：《东西洋考》卷九《舟师考》，中华书局1981年版，第170页。

澜焉。盖海滨民射利精如此。[①]

顾炎武所载内容指出，漳州海商熟悉海洋，其航海能够“出有时”而“归有候”。航海之人熟悉前往各洋的海道。他们航海技巧娴熟，有罗盘、指南针指引其前进方向。尤其是他们总结航海经验，制作了《航海针经》，罗盘、指南针可以是单针或两辰针，在到达某个蕃国海港之前，就能够知道其方向，知道航程大约是几更，当地水文情况如何，周围有什么特殊形状的岛屿或洋礁险滩，或遇到恶劣气候时可以用什么方法来化解等，即如《顺风相送》《渡海方程》等。

关于《航海针经》，这里再稍作补充。航海针经，或简称为《针经》，或类似于近年发现的《针路簿》或《更路簿》，应相当于现在的航海日志，是航海人多年航路的记载和经验总结。张燮指出：“舶人旧有航海《针经》，皆俚俗未易辨说，余为稍译而文之。其有故实可书者，为铺饰之。渠原载针路，每国各自为障子，不胜破碎，且参错不相联，余为镕成一片。沿途直叙，中有迂路入某港者，则书从此分途轧入某国，其后又从正路提头直叙向前，其再值迂路亦如之。”[②] 张燮这段话是《东西洋考·凡例》中的一部分，主要是说明航海针经一般每艘船都有，记载不同，不同地域商人的俚俗用语也各异，很大一部分只是记载去某个南洋蕃国的航线。张燮把同一条航线可以到达的国家或港口串联起来，才有张燮《东西洋考》第九卷《舟师考》。就此而言，张燮可以说是明末中国远洋航路经验总结的集大成者。

---

① ［清］顾炎武撰，黄珅等校点：《天下郡国利病书》，上海古籍出版社 2012 年版，第 3091 页。

② ［明］张燮著，谢方点校：《东西洋考》之《凡例》，中华书局 1981 年版，第 20 页。

三、明中后期月港民间海外贸易航路与国家

唐宋以来，漳州已经海商梯航万里，贸易范围东至日本，南达诸蕃国，甚至穿过马六甲海峡，进入印度洋，到达印度洋西岸的西亚与东非诸国。进入明朝，虽然明初海禁，但随着所谓西方的地理大发现，欧洲人可以直接到达我国东南沿海进行贸易，即如《天下郡国利病书》云："向者夷从西方来，贾胡别种也。发尽赤，巨舰迎波，结中贵人以互市。"① 有了明朝廷"中贵人"的暗中帮助，西班牙、葡萄牙及荷兰等国的商船直接把大量海外商品载入月港，"犀象玳瑁，金刚琥珀，沉木檀楠，片魏珊瑚，千古未名、未见之物如篱落"②，直接和中国商人进行贸易。

在长期的海外贸易中，月港海商逐渐积累了较为丰富的航海经验，明中后期开发了从月港到西洋、东洋、北洋等的海外贸易航路。

1. 西洋航路

船过大担与浯屿之间的航道后，经过太武山镇海城、大小柑橘屿、南澳坪山、东莞大星尖、南亭门（今属广东省东莞市）、乌猪山（今广东省江门市台山市上川岛对面）到达海南岛东北的七洲山七洲洋（今属海南省文昌市）。七洲洋为从南海进入中南半岛各港口及进入南洋群岛的必经之地。具体来说，从七洲洋分别可

---

① ［清］顾炎武撰，黄珅等校点：《天下郡国利病书》，上海古籍出版社 2012 年版，第 3105 页。

② ［明］梁兆阳修，蔡国祯、张燮等纂：《（崇祯）海澄县志》，书目文献出版社影印崇祯六年（1633）刻本 1992 年版，第 307 页。

以到达交趾、占城、真腊、暹罗等南洋诸蕃国。

（1）往交趾东京（今越南河内）航线

从七洲洋驶出经黎母山（今属海南省五指山市琼中黎族自治县），至海宝山（今越南北部湾中之白龙尾岛），由涂山海口（今越南海防市东南沿海）取道鸡唱门，即安南云屯海门（今越南海防港外），到达交趾东京。

（2）往广南、清化、顺化、新州诸港航线

七洲洋到广南：从七洲洋到铜鼓山（今海南省文昌市东北隅的铜鼓角海面），至独珠山（亦称独猪山、独洲山，今海南省万宁市东南海中之大洲岛），过交趾洋，到达广南（今越南广南岘港）。

从交趾洋到清化：又从交趾洋沿安南洋面一路取道望赢海口（今越南芽庄），入清化港（今越南清化）。

从交趾洋到顺化：复从交趾洋取小长沙（今越南顺化沿海）海口，入顺化港（今越南顺化）。

从交趾洋到新州：从交趾洋经外罗山（今越南中部外海之惹岛海上之响唠哩）、提夷（今越南中部沿海岛屿）马陵桥，入交杯屿（今越南归仁港外之芳梅岛），即达新州港口（今越南归仁港）。

（3）往占城航线

从新州交杯屿起航，经羊屿（今越南归仁港外岛屿）、烟筒山、灵山、伽倫貌山，入罗湾头，即占城港口。

（4）往柬埔寨航线

由占城罗湾头起航，经赤坎山（今越南平顺省沿海的藩切或鸡架角），取鹤顶山（今越南同奈省南端的头顿）、柯任山（湄公河西南第二入口处的巴知）、毛蟹州（湄公河茶荣旁一狭长的沙洲），即至柬埔寨。

（5）往暹罗国（今泰国）航线

从赤坎山（藩切）转航昆仑山（今越南东南端海中的昆仑岛），经小昆仑（今越南东南端海中的两兄弟群岛）绕过金瓯角至大横山（今柬埔寨西南沿海的潘阳岛），再过小横山、笔架山、黎头山、圭头浅、竹屿，即到达暹罗。

（6）从昆仑山往大泥、六坤、彭亨国、柔佛国航线

往大泥航线：从昆仑山到吉兰丹，吉兰丹即大泥港口，入港即到达大泥。

往六坤航线：从昆仑山往真屿，再取六坤，即到达。六坤与大泥相连。

往彭亨国航线：从昆仑山取斗屿（今马来西亚彭亨州东北海上的愚岛），再取彭亨国（今马来西亚彭亨河口的北干），即到达彭亨港。

往柔佛国航线：从彭亨国出发，取地盘山（今马来西亚柔佛州东北海上的潮满岛），过东西竺，到罗汉屿，即到达柔佛国港口。

（7）往马六甲航线

马六甲，又称麻六甲，即满剌加国。从柔佛国罗汉屿出发，穿过龙牙门、淡马锡门，经吉里问山、昆宋屿、箭屿、五屿（今马六甲港外的岛屿），沿山而入，即到达马六甲。

（8）往丁机宜国（今印尼苏门答腊岛北岸一带）航线

从东西竺出发，取道长腰屿（苏门答腊岛东北海上的林加群岛），经独石门（苏门答腊岛东北岸的巴塞峡），过铁钉屿，至鳄鱼屿，由第二港即可进入丁机宜国。

（9）往詹卑、旧港航线

从长腰屿出发，经龙雅山，进入馒头屿，即到三佛齐新都詹卑；又从馒头屿起航，过七屿、彭家山，入其第二山，即到达三佛齐故都旧港。

（10）往下港/咖嚼吧航线

从彭家山起航，过进峡门，经三麦屿、都麻横港口、览邦港口、锡兰山港口，六更到达下港，再往里航行，即到达咖嚼吧。

（11）往哑齐/苏门答剌国航线

从满剌加国（马六甲国）五屿出发，经棉花屿、鸡骨屿、双屿、单屿、亚路、巴禄头、急水湾，再五更可以到达哑齐。

（12）往苏吉丹国、池闷、文郎马神国航线

往苏吉丹国航线：从占城外洋玳瑁洲，经东西董、失力大山、马鞍屿、塔林屿、吉宁马哪山、勿里洞山、吉里问大山、保老岸山、椒山，再七更，即到达思吉港饶洞，也就是苏吉丹国。

往池闷（今小巽他群岛中的帝汶岛）航线：从保老岸山起航，取道吉力石港（今东爪哇北部的格雷西港），经双银塔（今东爪哇北部马都拉岛南的小岛）、磨里山（今印度尼西亚巴厘岛）、郎木山、重迦罗、火山、大急水、髻屿、大小云螺、苏律山、印屿，到达美罗港（今帝汶岛之贝洛港），即池闷。

往文郎马神国航线：从吉宁马礁起航，经过吧哩马阁（白水洋）、三密港、龟屿、单戎世力山，到达美哑柔港口，绕过美哑柔港口的大山，即到达文郎马神国。

2. 东洋航路

（1）往吕宋国（今菲律宾吕宋岛）/猫里务国航线

从太武山下镇海取道澎湖列岛，经虎头山（澎湖列岛中的八罩

岛与将军澳屿）、沙马头澳（即今澎湖列岛最南大岛屿）、笔架山（今菲律宾吕宋岛北部海中巴布延群岛中之加拉鄢岛）、哪哦山、密雁港、六藐山、郎梅屿、麻里荖屿、玳瑁港、表山、里银中邦，到达头巾礁，五更即至吕宋国。取沙塘浅，十更到达猫里务国。

（2）往美洛居（今印尼马鲁古群岛）航线

从吕宋国出发，经宁港、汉泽山（班乃岛西南安蒂克）、交溢（菲律宾棉兰老岛三宝颜附近的卡维特）、魍根礁老港、千子智港，到达绍武淡水港（今印尼马鲁古群岛西北桑吉群岛之锡奥岛），即至美洛居。

（3）往苏禄国（今菲律宾苏禄群岛）航线

从交溢对西开船，至犀角屿（菲律宾巴西兰岛的桑格贝岛），即入苏禄国。

（4）往文莱国航线

从吕宋岛外洋的吕蓬起航，经芒烟山（菲律宾民都洛岛西北卢邦群岛附近的小屿）、磨叶洋、小烟山、长腰屿、鲤鱼塘（指纳闽岛与文莱间的海峡），收于毛花蜡，即到达文莱国。

3. 北洋航路

（1）往朝鲜航线

从月港北上，经泉州、兴化、福州、温州一直往北，到达山东登州，横越黄海到达仁川。

（2）往日本航线

从月港北上，经泉州、兴化、福州、温州一直往北，到达浙江宁波，越过东海，直达日本长崎或博多等港口。

4. 东番航路（台湾航线）

从澎湖航行十更，至台湾岛魍港（亦称笨港、北港，今属台湾嘉义布袋镇），再经十更往西南至打狗仔（今台湾高雄港），又经交里林沿台湾海岸往西北航行，十五更可以到达鸡笼、淡水。①

四、月港海外贸易的商品

明代海澄人周起元指出："我穆庙时除贩夷之律，于是五方之贾，熙熙水国，刳艅艎，分市东西路。其捆载珍奇，故异物不足述，而所贸金钱，岁无虑数十万。"② 这说明，明朝海外贸易政策的改变，对海澄县的海外贸易规模产生了倍乘效应。来自南洋诸国种类繁多的商品，直接从东西洋航线进入月港，进入中国人的视野。据安边馆（督饷馆）《陆饷货物抽税则例》所载，万历三年（1575）仅 55 种，万历十七年增加至 83 种，万历四十三年再增加至 116 种。而据《东西洋考》载，已达 140 种之多。这些商品基本分类如下：

香药类：胡椒、檀香、沉香、奇楠香、香藤、沉香、苏木、没药、肉豆蔻、白豆蔻、血碣、冰片、荜拨、大风子、白藤、樟脑、胖大子、孩儿茶、八丁荞、丁香、丁香枝、藤黄、乌木、紫檀、木香、乳香、阿魏、没石子、苏合油、安息香等，共 31 种。

珍品类：象牙、犀角、牛角、玳瑁、鹤顶、孔雀尾、石花、明角、鹿角，共 9 种。

食品类：燕窝、海菜、虾米、鲨鱼翅、鹿脯、尖尾螺、螺蚆、鹦鹉螺，共 8 种。

---

① ［明］张燮著，谢方点校：《东西洋考》卷九《舟师考》，中华书局 1981 年版，第 171—185 页。

② ［明］张燮著，谢方点校：《东西洋考》之《序》，中华书局 1981 年版，第 17 页。

观赏性植物：樣子、棕竹、花草、芦荟、马钱，共5种。

农副产品：番米、红花米、绿豆、黍仔、花生、烟草、多（菠）萝蜜、莺哥、椰子、番石榴、番薯、油麻，共12种。

手工业品：番纸、番镜、番铜鼓、番泥瓶、琉璃瓶、白琉璃盏、青花笔筒、青琉璃笔筒、黄蜡、火炬，共10种。

皮革制品：鲨鱼皮、马尾、锦魴鱼皮、翠鸟皮、犀牛皮、虎皮、豹皮、獐皮、猿皮、獭皮、鹿皮、蛇皮、马皮、牛皮，共14种。

矿产品：番金、番锡、黑铅、红铜、烂铜、矾土、磺土、漆、暹罗红砂，共9种。

南洋纺织品：香被、番被、哆罗嗹、暹罗红纱、交趾绢、黄丝、锁服、竹布、毕布、粗丝布、土丝布、西洋布、东京乌布，共13种。

南洋藤制品：番藤席、香藤席、嘉文席、草席、水藤，共5种。

同时，月港作为明朝中后期唯一合法的外贸港口，与中南半岛、南洋群岛及朝鲜、日本、琉球等47个国家和地区往来，出口货物种类繁多。福建八府各有自己的经济特色。王世懋《闽部疏》云："凡福之绸丝，漳之纱绢，泉之蓝，福延之铁，福漳之橘，福兴之荔枝，泉漳之糖，顺昌之纸，无日不走分水岭及浦城小关，下吴越如流水。其航大海而去者，尤不可计，皆衣被天下。所仰给他省，独湖丝耳。"①

笔者辑录明清漳州府志、海澄县志及相关文献，可以了解月港输出的货物清单：

---

① ［明］王世懋撰：《闽部疏》，成文出版社1975年明宝颜堂订正刊本影印，第47页。

纺织品类：绢、绸、漳纱、漳缎、漳绒、漳绣、生丝、精丝、粗丝、绮罗、丝布、苎布、罗布、蕉布、麻布、棉布、葛布、吉贝布、天鹅绒、土绸、杂缯等。

食品类：蔗糖、酒、茶、麦粉、橘子酱、腌猪肉等。

果品与经济作物类：荔枝、龙眼、柑橘、桃子、梨子、烟草等。

家禽家畜类：呆头鹅、水牛、马、骡、驴等。

日常用品：纱灯、竹枕、竹器、药材、金钱、脂粉、测砦伙器、小巧技艺、女工针凿、雨伞、水银、羽毛、绒扇、椅垫、花边等。

手工业制品：铁鼎、铁针、铜鼎、瓷器、漆器、铜炉、铜佛、铜仙、牙雕、牙带、牙箸、牙扇、金银首饰、银床、自鸣钟。

文化用品：纸、笔、书籍。

这些外贸商品，基本上是以手工业品和农副产品为主，尤其是丝织品种类较多，工艺精巧，深受南洋诸国喜爱，需求量大。这种有自己独特工艺的产品，可获得高额的收益，如《（乾隆）海澄县志》云，月港商人“驰异域之邦，易其方物，利可十倍”。

第三节　月港与闽南商品经济的发展

一、明代月港的交通

1. 月港的内河航道

月港为九龙江、西溪、北溪的出海口，同时也是月港至内陆

航运的起运点。食盐等商品先用海船运到海澄县月港诸码头，“歇泊埠头，转剥小舟”，溯西溪、北溪而上，到达华封镇，再转到

明代海澄县舆图

“龙岩诸邑散卖”；另外“又自宁洋而上，达马家山，越永安”，最后到达延平府、建阳府、邵武府各地贩卖。[①] 而南靖、平和诸县，可以买船沿小溪顺流而下，到达龙溪县，通过到港河、西溪到达月港出海口。

2. 月港的近海航线

（1）北上近海航线

月港有很多江浙商船，即所谓“北船”。这是明朝航行东南沿海海域的中国商船。“船身不若洋船巨大”，查验不像洋船严格，

① ［清］顾炎武撰，黄珅等校点：《天下郡国利病书》，上海古籍出版社 2012 年版，第 3084 页。

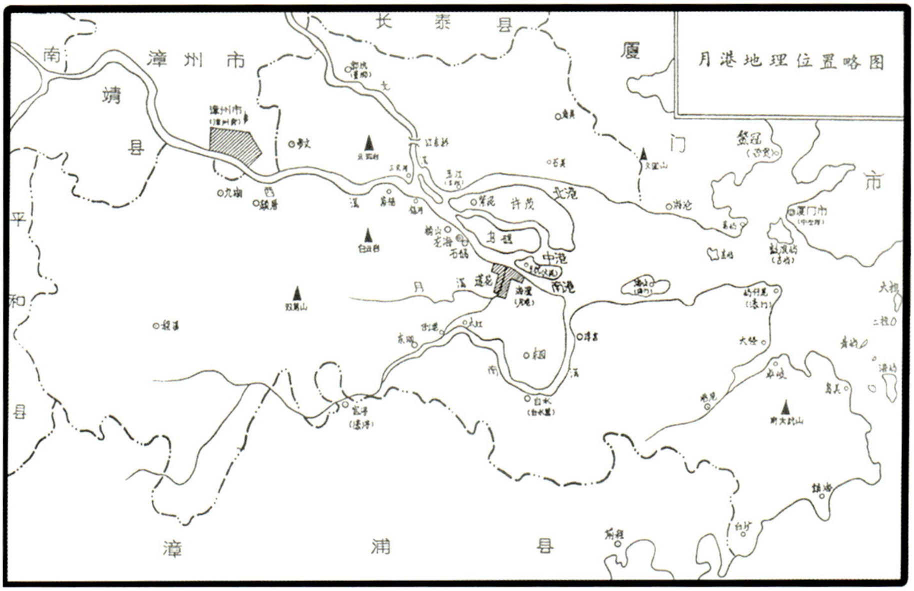

月港地理位置略图（江智猛供图）

不必完全由月港发舶。月港附近的崇福、玉洲、海沧、浮宫，港尾的大径、桌岐等处，都是北船发船的地方，但是大部分货物还是以月港为集散地。发舶时间在5月以后，利用偏南季风盛吹季节，开航北上；回航的时间在9月以后，利用偏北季风盛吹的季节回航，在春节前回港度岁。输出洋货和蔗糖、烟叶、桂圆等漳州一带的土特产以及手工业产品，输入苏杭的绸缎、湖嘉的丝，以及京货和北方的药材。这些输入的货物，本地销售一部分，大部分从月港运出东西二洋贩卖。这是一条月港对国内交通的重要路线。

（2）省内近海航线

海上和本省沿海各重要城镇交通，是月港对省内交通的重要通路。从月港出海北上，便到泉州、兴化（莆田）、福州，以至福宁州（霞浦）。这条航线在省内航行，航程短，循着沿海的岛屿港澳航行，少受季风限制，往返次数较多，船只往来频繁。输出洋货和土特产，从福州输入茶叶，泉州输入蓝靛，都是月港贩洋的重要商品。这是月港在省内集散中外商品的重要路线之一。

（3）漳泉近海航线

月港还有一种穿行于漳州、泉州、厦门三地海港的短程船只，名叫“渡船”。他们主要依靠海潮来航行，比较著名的有石美“渡船”、海沧“渡船”、吾贯“渡船”、五通（厦门岛西北的村镇）“渡船”等。如石美“渡船”，乘潮涨时（从南港）或潮半落后（从中港入北港）发船，到潮退或潮涨即到石美。航程最远的五通，乘潮退发船，到潮涨后可到达。这既便于商旅往来，又缩短陆路行程。如到石美，转角尾，接漳泉大路到泉州，改从五通渡海到对岸刘五店，陆行至小营岭，接漳泉大路到泉州，陆路行程缩短一半多，是漳州通泉州以至福州的陆路便捷途径，所以月港成为漳泉商旅必经之地。

3. 月港的陆路交通

一般而言，明代漳州府的陆路交通还算便利，北接泉州府同安县，南达广东省潮州府，西通汀州府，东边可以抵达镇海卫。南北有车马往来大道，“一日一程”，官员出行有驿站可以休息，旅客出行有旅店客舍作为休憩之所。漳州府通向四周的道路比较平坦，应该不会有宋人所谓“日暮途远，四顾荒凉”之愁叹了。需要强调的是，漳州府西行大路与龙岩县交界，“山路险峻，行者皆蒙蓬蒿，披荆棘，不见天日”。成化六年（1470），明朝廷设立分巡漳南道，驻地在上杭县，“两司巡守官往来，其道路始渐开辟，亦计程而设公馆，其行始无碍”。道路东行至镇海，乘坐驿站交通工具出行，4 天可以到镇海卫；如果日夜兼程行走，3 天可以到达镇海卫。如果走水路，一次潮汐间可以到达月港；从月港上岸，走陆路一天可以到达镇海。[①]

二、明代闽南的市场

1. 明代月港商品经济的发展

早在宋朝，官府就在月港设立海口镇，“收海道商税”。宋神宗熙宁十年（1077），龙溪县海口镇税务的年税额为1391贯539文，其税额比同一时期长泰县在城税务的年税额1040贯844文要多350余贯。[②] 这足以说明宋代时期月港商品经济的发达。

至明朝，月港成为国内外贸易的集散中心之一。明人谢彬《福建都转运盐使司同知、专理漳州海防西泉邓公抚澄德政碑》云，月港“当其盛则云帆烟樯，辐凑于江皋；市肆街廛，星罗于岸畔。商贾来吴会之遥，货物萃华夷之美。珠玑象犀，家阗而户溢；鱼盐粟米，泉涌而川流”。[③]

同时，海内外商人纷纷来到月港交易货物。明末海澄县知县梁兆阳就敏锐观察到，“澄中方物，与郡城差不甚多，只就《壬子志》稍伸缩之。若夫他国携来者，虽非澄产，然贾舶至时，四方贾客咸摩肩兹土，市鬻以归，安得不系籍于澄哉!”[④]

---

① ［明］陈洪谟修：《（正德）大明漳州府志》卷三十三《道路志》，厦门大学出版社影印明正德八年（1513）刻本2012年版，第1967—1968页。

② ［清］徐松辑，刘琳等校点：《宋会要辑稿》之《食货》，上海古籍出版社2014年版，第6341—6342页。

③ ［明］梁兆阳修，蔡国祯、张燮等纂：《（崇祯）海澄县志》卷十七《艺文志二·碑记》，书目文献出版社影印崇祯六年（1633）刻本1992年版，第503页。

④ ［明］梁兆阳修，蔡国祯、张燮等纂：《（崇祯）海澄县志）》之《凡例》，书目文献出版社影印崇祯六年（1633）刻本1992年版，第307页。

2. 明代闽南的市场体系及其变迁

（1）明代漳州府市场体系

唐宋以来，随着漳州的建立，漳州的市场经济逐渐发展，市场体系渐次完善，催生了一大批新型市镇。新兴的市镇主要集中在交通要道、矿场，即属于交通发达型和资源型。如北宋熙宁（1068—1077）年间，漳州龙溪县设立天宝市，龙溪县的海口镇（即月港镇）、清远市、峡里市以及吴惯、沐犊、中栅三盐团，漳浦县的敦照镇（太平兴国四年设置）、南诏场以及黄敦盐团，龙岩县的大济、宝兴二银场，岩里场也成为新兴市镇。

至明朝，漳州的市场体系有了新发展。弘治四年（1491），漳州府及属县开始有市场的记载。龙溪县有南市、北桥市、草市、乌屿桥市、华峰市、石码路头市、月港市、翰林市 8 个，漳浦县有西街市 1 个，长泰县有南市 1 个，漳平县有桃源市 1 个，即弘治四年漳州府及属县共有 11 个“市”。①

正德八年（1513），漳州府有“城中市二：南市（在双门前），北桥市（在中清桥街北）”，“乡下市六：草市（在府城东二十六都），乌屿桥市（在府城东二十九、三十都），茶碹市（在府城北二十五都），石马路头市（在府城东南十一都），月港市（在府城东南八、九都），翰林市（俗呼李林，在府城东北，二十三、二十四都）”，共 8 个市。漳浦县有西街市，“在县西隅，诸买卖在焉”。龙岩县宋朝时有东厂市、西厂市、南厂市。即正德八年漳州府及属县共有 12 个“市”。②

① ［明］黄仲昭修纂：《八闽通志》卷十四《地理·坊市·漳州府》，福建人民出版社 1989 年版，第 272—273 页。

② ［明］陈洪谟修：《（正德）大明漳州府志》卷六《厢里志·龙溪县》，厦门大学出版社影印明正德八年（1513）刻本 2012 年版，第 358—368 页。

月港容川码头旧照（江智猛供图）

至万历元年（1573），漳州在城（即龙溪县）的市有北桥市、南市、西市、东铺市、天宝市5个，漳浦县在城有西街市、东门市、云霄东门市、渡峙市、佛坛桥市、赤湖市6个，龙岩县在城有县前市、东门市、南门市和西门市4个，长泰县有县前市、巷头市、凉棚头市、东门市4个，南靖县有宫口市1个，漳平县有华口市、榉林市、邓坂市、溪南市、流田市5个，平和县有坂仔市、溪浒市、西林市3个，海澄县有月港市、浮宫市、丰田市、海沧桥头市4个。即至万历元年，漳州府及属县有32个“市”。[1]

万历四十一年，漳州府及属县的市镇设立如下：龙溪县有东铺头市、西市、南市、北桥市、天宝市、石马市、福河市、下浒

① ［明］罗青霄修纂：《万历重修漳州府志》，第237、362、424、474、524、557、581、635页。

市、石美市、新埭市、翰林市、华封市、草市、乌屿桥市、京元市，共15个“市”；漳浦县有西街市、米市、后沟市、北门市、云霄镇东门市、杜㘵市、赤湖市、佛潭桥市、高车亭市、旧镇市，共10个“市”；龙岩县有县前市、东门市、南门市和西门市，共4个“市”；长泰县有县前市、巷头市、凉棚头市、福亭市、学前市、东门市、东关市，共7个“市”；南靖县有宫口市、沙滩市、畲晋坂市、山城市、船场市，共5个“市”；漳平县有榉林市、叶口市、邓坂市、溪南市、留田市，共5个“市”；平和县有坂仔市、溪浒市、西林市、小溪市、赤石岩市、陈旗岭市、南胜市、翠微市、炭坑坂市，共9个“市”；诏安县有东门市；海澄县有月港市、浮宫市、丰田市、海沧镇桥头市、新安刘埭市、卢沈港市、马口市，共7个“市”；宁洋县有宁济桥市、青云桥市，共2个“市”；镇海卫有南门市，六鳌所有北隘门市，铜山所有演武亭市、大庙前店（市）、南门市、西门市4个，玄钟所有卸石湾市。即万历四十一年漳州府及属县共有72个“市”。[①]

（2）明代中后期泉州府的市场体系

弘治四年（1491），泉州府及属县市场分布情况如下：泉州府晋江县有东街市、南街市、会通市、通远市、车桥市、新桥市、浮桥市、安平市8个，南安县有县前通街市、潘山市2个，同安县有通衢街市、南通街市、北通街市3个，德化县有县前通街市1个，永春县有东街市、西街市2个，安溪县有东街市、南街市、湖头市3个，惠安县有南通街市、北通街市2个，永宁卫有乐雍市、育英市、东瀛市3个，福全千户所有通街市1个。即弘治四

① ［明］闵梦得修：《（万历癸丑）漳州府志》卷二十九《坊里志下·市镇》，厦门大学出版社影印本2012年版，第1987—1990页。

年泉州府及属县共有市场25个。[①]

万历四十年（1612），泉州府及属县的市场分布情况如下：晋江县有南街市、西街市、会通市、车桥市、新桥市、浮桥市、安平市、吴店市8个，南安县有县前通街市、前街市、县西市、潘山市4个，同安县有县前大市、西门市、南门市、铺前市、铜馆市、金车馆市、溪边市7个，惠安县有南街市、北街市、东西门市3个，安溪县有东街市、西街市、南街市、湖头市4个，永春县有县前市、官田市、石鼓市、卓埔市4个，德化县有西街上市、东街下市2个。即万历四十年泉州府及属县有32个"市"。[②]

漳州府、泉州府市场体系的变化，有利于推动月港海外贸易的发展。

三、月港与闽南商品的流通

月港由于是明朝中后期唯一的合法外贸港口，自然成为全国内外贸易的中心，在闽南地区更是有着重要的地位。

自唐宋以来，漳泉经济发展较快，产品逐渐增多，国内外贸易发达，尤其是泉州有不少舶来品。至明朝，闽南的各种产品较宋元时期增多。

1. 明代漳州府的主要商品

据罗青霄《万历重修漳州府志》记载，万历元年（1573），漳

① ［明］黄仲昭修纂：《八闽通志》卷十四《地理·坊市·泉州府》，福建人民出版社1989年版，第269—271页。

② ［明］阳思谦修，徐敏学、吴维新纂：《万历重修泉州府志》卷五《规制志下·市廛》，学生书局1987年影印万历四十年刊本，第399—400页。

州府下属各县主要产品有纺织品、矿产品、竹木漆器、瓷器、经济作物、生活用品等。

纺织品。主要包括丝织品、棉织品、麻织品。丝织品。主要有当地土丝织成的絁绸，以及用湖丝织成的绢、纱、罗、丝布。时人云："其土丝，漳人巧善织，故名于天下。"[①] 而漳州人从北方买到湖丝后，"往往染翠红而归织之"。[②] 明代时棉花树在漳州广泛种植，棉纺技术比较成熟，棉织品种类较多。漳州府境内的麻有 3 个品种，即苎麻、青麻、黄麻。用来做织布原料的话，苎麻最好，青麻次之，黄麻又次之。麻布是漳州的传统产品。

矿产品。主要有龙岩县的银、铜、假山石，平和县矾山的矾，龙溪县、漳浦县和龙岩县产铁以及刀、犁、锅等铁制品。

竹木漆器。这类货品主要包括木材、竹木漆器制品等。这些竹木制品一般用竹子、木头为原料，做好后描漆而成，极为精致。这些货物各不相同，主要有龙溪县的草席、描金漆器、细篾器、轿子、竹扇、羽扇，龙岩县的木盆、木磴、藤枕、篾丝器等，漳平县的木杉制品。另外，龙溪县还有棕树叶制成的帽子、箱子等物品。

瓷器。漳州的瓷器，可以从制作工艺、瓷器颜色区分。瓷器的制作工艺一般可以分为粗瓷和精瓷，瓷器颜色可以分为白瓷、青瓷和黑瓷等。漳平县出产的瓷器基本上是粗瓷，出自棋泰窑、和平窑、长安窑。平和县的瓷器种类有城东的黑瓷器和金山的青

---

① ［明］罗青霄修纂：《万历重修漳州府志》卷十三《龙溪县·舆地志·物产》，第 233 页。

② ［明］王世懋撰：《闽部疏》，成文出版社 1975 年明宝颜堂订正刊本影印，第 47—48 页。

瓷器，漳平县永福里出产白瓷器，南靖县河头出产黑瓷器，南靖县金山出产青瓷器。

生产用料。万历元年（1573），漳州府及属县主要生产用品如下：染料有红花、紫草、薯榔、蓝靛等；生产用油料主要有桐油、柏油等；蜡有黄蜡、番蜡、白蜡，黄蜡可以作为光滑剂，后两者可以作为制作蜡烛的原料；樟脑则有作为香料和药材的双重用途。此外，还有灰作为添加剂或催化剂，炭（即煤炭）作为燃料。

食物类。万历元年，漳州府及其属县主要流通食品有盐、茶叶、蜂蜜、酒、曲、糖等。

2. 明代中后期泉州府的主要流通商品

纺织品，含丝织品、棉织品和麻织品。弘治四年（1491），泉州府及属县的丝织品有土绢，棉织品有来自晋江县、南安县、同安县的棉布，麻织品有苎布、来自惠安县北镇的北镇布，以及来自南安县、永春县、同安县、德化县、安溪县的蕉布、葛布。万历四十年，泉州府及属县的丝织品有绢、纱、丝布、罗、土绸，棉织品有吉贝织成的棉布，麻织品有苎布、北镇布、葛布、青麻布、黄麻布、蕉布。

生产用料与成品。弘治四年（1491），泉州府及属县的纺织品原料有吉贝、苎、青麻、黄麻，油料有蓖麻子，染料原料有蓝靛、红花、薯榔，矿产品有铁，成品油有芝麻油、白油、茶油、桐油。万历四十年（1612），泉州府及属县的纺织品原料有吉贝、苎、麻，染料原料有蓝靛、红花、薯榔，成品油有芝麻油、菜籽油、茶油、桐油，矿产品有铁、铅、金精石、炭，制作用料有砖瓦、棕毛。

食物类物品。弘治四年，泉州府及属县的食物类物品有盐、糖、蜜、茶叶（含香茶）。万历四十年，泉州府及属县的食物类物品有盐、酒、糖、蜜、茶叶（含香茶）。

其他物品。弘治四年，泉州府及属县还有德化县出产的白瓷器，其他还有箬叶、蜡、青椒（即花椒）。万历四十年，泉州府及属县的生活用品有灯芯草席、芒帚、香（含松香、枫香、吉兆藤香、土降真香）、纸、生椒。

| 第三章 |

碧海帆影日边稀

——清初至民国漳州的对外贸易

第一节　清代漳州对外贸易的衰退

漳州的海外贸易发展到隆庆元年（1567）月港开放之后逐渐达到高峰。如自明末 1580 年至 1643 年的 64 年内赴马尼拉贸易的中国商船共 1677 艘，平均每年入港 26.2 艘。然而，明末清初延绵不断的战乱，使得漳州月港在兴盛了几十年后陷入了衰退境地。因漳州是郑氏反清复明的重要基地，郑氏军队和清军的对峙战争持续了近 40 年。1644 年后因郑氏政权在漳州海澄、铜山等地与清廷作战，漳州对外贸易无法正常开展。尤其是海澄公黄梧提出的“平贼五策”，其中包括长达 20 年的迁界令，清廷在包括漳州府所属地域的沿海地区实行迁界政策，规定“凡有官员兵民违禁出界贸易，及盖房居住、耕种用地者，不论官民，俱以通贼论处斩”[①]，

① ［清］李章等修：《光绪大清会典》卷七百七十六《刑部历年事例》。

这样就切断了漳州正常的商贸通道。

清初贸易受到限制，台湾收复之后，康熙二十三年（1684）闽海关始设于漳州，由福州将军兼管。在漳州的铜山、石码、云霄、诏安、旧镇等口岸征税，之后海关移到厦门，“厦门正口，在岛美路头，称大馆。面临海，南通大担，西达漳州，北至同安。房屋十余间，离衙署六里”[①]。此时，众多沿海商民出海贸易，出现了“望海谋生，十居五六”的现象。不过，清廷对于出洋贸易，还有苛刻之限定，康熙二十三年规定，出海商船限定在500石以下，“如有打造双桅五百石以上违式船只出海者，不论官兵民人，俱发边卫充军”。虽然到了康熙四十二年，清廷又有所放宽限制，“商贾船许用双桅，其梁头不得过一丈八尺，舵水人等不得过二十八名；其一丈六七尺梁头者，不得过二十四名；一丈四五尺梁头者，不得过十六名；一丈二三尺梁头者，不得过十四名”。[②]

明代，西方殖民者东来，时从海澄月港运往吕宋的陶瓷等物品繁多，如《东西洋考》记载：“独澄之商舶，民间醵金发艅艎，与诸夷相贸易，以我之绮纨磁饵，易彼之象玳香椒。”清廷下令展界后，不少漳州商人运送各种商品前往马尼拉进行贸易。据西班牙档案记载，1686年从漳州出发，1月4日到达马尼拉，运去大壶、大小喝茶用的细碗、粗碗、喝汤用的碗以及瓷瓶等，共计有58766个，其中粗碗有50300个，是此趟航运货物的大宗；从漳州出发，1687年4月24日到达马尼拉的帆船运去的货物里面有普通瓷盘10000个、碗5000个、品质比较细的盘100个等，共计

① 厦门市地方志编纂委员会办公室整理：《厦门志》卷七《关赋略》，鹭江出版社1996年版，第155页。

② 厦门市地方志编纂委员会办公室整理：《厦门志》卷五《船政略》，鹭江出版社1990年版，第130页。

有 15100 个；同年从漳州出发于 4 月 28 日到达马尼拉的帆船运来的大、中壶共 1900 个，普通瓷碗有 6000 个、盘 3000 个，总共有瓷器 10900 个，当年中国前往吕宋商船共有 98 艘，其中来自厦门有 62 艘，明确记载来自漳州的只有上述 3 艘。可见，复界之后闽南一带外贸，从漳州诸港口直接前往吕宋的贸易船只缩减明显。

康熙五十六年（1717），康熙帝谕令："凡商船照旧东洋贸易外，其南洋吕宋、噶啰吧等处，不许商船前往贸易，于南澳等地方截住，令广东、福建沿海一带水师各营巡查，违禁者严拿治罪。"乾隆时福建漳浦人蔡新曾指出："康熙年间，南洋之禁不过谓各口岸多聚汉人，恐酿海贼之阶，非恶南洋也。"这种南洋之禁，对于东南沿海地区的经济生活产生了十分消极的影响。雍正二年（1724），漳浦籍名臣蓝鼎元也尖锐指出，南洋贸易使得"闽广家给人足，游手无赖，亦为欲富所驱，尽入番岛，鲜有在家饥寒"，南洋禁后，"百货不通，民生日蹙，居者苦艺能之罔用，行者叹致远之无方，故有以四五千金所造之洋艘，系维朽蠹于断港荒岸之间"。[①]

雍正五年，朝廷虽然解除了一部分限制，但福建总督高其倬曾上奏说："漂洋船只出口之处，闽省者总归厦门一处出口，粤省者总归虎门一处出口，其别处口岸一概严禁。如有违禁，在别处放船者，即行查拿，照私越之例治罪。"[②] 乾隆十九年（1754），经福建巡抚陈宏谋奏请，清廷同意调整久居外洋民众回籍的规定："久稽番地人等，果因货物拖欠等事，以致逾限不归，及本身已

① ［清］蓝鼎元撰，蒋炳钊、王钿点校：《鹿洲全集》，厦门大学出版社 1995 年版，第 55 页。

② 《福建总督高其倬等奏遵旨议禁出洋贸易人员留住外国事宜折》，《雍正朝汉文朱批奏折汇编》第 10 册，江苏古籍出版社 1990 年版，第 123 页。

故，遗留妻妾子女愿归本籍者，均准回籍。”①

乾隆二十年（1755）至二十二年间发生了英国东印度公司代理人洪任辉（James Flint）率武装商船北上，要求到浙江宁波等地贸易的事件。乾隆二十二年规定了西洋船贸易：“嗣后口岸定于广东，不得再赴浙省。此于粤民生计，并赣韶等关，均有裨益，而浙省海防，亦得肃清。”② 事实上，闽海关在“一口通商”的政策初期，并没有受到很多限制，依然有不少来自吕宋和南洋的贸易商船出入厦门。直到乾隆五十二年后，闽海关关税明显下降，据海关记载，乾隆五十二年至嘉庆元年（1796），闽海关关税为306912.6两，嘉庆二年至嘉庆十一年，闽海关关税为205232两。这应该与限制海外贸易有关。

清廷海洋政策的反复将近一个世纪，最终使得漳州海商势力大受打击，加上清廷规定厦门为与鹿耳门港对渡的唯一正口，大量货物云集厦门，自此漳州仅成其一腹地而已。自康熙年间，海关人员伙同督抚等地方官员进行勒索，“文武大员需索陋规日甚一日。如红毛船一只，倘挟资百万两上下者，督、抚、提镇衙门必索至五六千不等。而以下之文武员弁，又种种抑勒，此其所以风闻畏缩不前也”③；官员不仅收受礼银，且向海商购买洋货，即使付款，“发价不过十分之二三”，致使这些海商受累，进而造成漳州外贸衰退。

正因为海洋政策摇摆和漳州传统商路长期受到侵扰，漳州一

① ［清］庆桂等纂修：《清高宗实录》卷四百六十三《乾隆十九年闰四月戊寅》，中华书局1985年版，第1012页。

② 姚贤镐编：《中国近代对外贸易史资料（1840—1895）》，中华书局1962年版，第181页。

③ 《宫中档乾隆朝奏折》第二十一辑，第241页。

部分商人转而到其他地区发展，即使是康熙收复了台湾之后，这里的商人也大不如之前频繁出入月港或漳州九龙江口岸。他们一部分前往更加开阔的厦门，如“厦门准内地之船往南洋贸易。其地为……宿雾、苏禄、东浦、安南、吕宋诸国。其出洋货物则漳之丝、绸、纱、绢，永春窑之瓷器”等；[①] 另一部分商人前往南方最大的口岸——广州。18 世纪 30 年代开始，广州外贸市场迅速发展，之后乾隆二十二年（1757）成为对外贸易的唯一口岸。广州十三行首任行首潘振承雍正五年（1727）出洋，数年后入粤，1750 年前后在广州创办了同文行；经营义成行的十三行行商叶上林祖籍福建漳州诏安，东裕行的谢嘉梧亦是漳州诏安人。

在沿海以贸易为生的漳州人，不仅生意受阻，更受缺粮之苦。对于康熙末年的朝廷禁南洋，漳浦籍士绅蓝鼎元《论南洋事宜书》认为福建的米粮不足，“南洋未禁之先，吕宋米时常至厦，番地出米最饶，原不仰食于中国”，呼吁朝廷“听民贸易，以海外之有余补内地之不足，此岂容缓须臾哉”[②]。由于暹罗木材丰富，造船成本低，自乾隆九年，“买米造船运回者，源源接济，较暹罗商人自来者尤便”，龙溪县商人林捷亨、谢冬发等人呈请前往暹罗造船买米。针对漳泉沿海缺粮严重、不敷民食的现象，乾隆十六年（1751）闽浙总督喀儿吉善也奏请朝廷允许商民出南洋贩运米粮，内地商民，自备资本，到暹罗等国，“运米回闽粜济，数在二千石以内者，循例由督抚分别奖励，如运至二千石以上者，按数分别生监、民人，奏请赏给职衔顶戴”。[③] 此亦得到朝廷的允许，“南

---

① 厦门市地方志编纂委员会办公室整理：《厦门志》卷五《船政略》，鹭江出版社 1996 年版，第 138 页。

② ［清］蓝鼎元撰，蒋炳钊、王钿点校：《鹿洲全集》，厦门大学出版社 1995 年版，第 54—56 页。

③ 林京志：《乾隆年间由泰国进口大米史料选》，《历史档案》1985 年第 3 期。

洋回厦各商船入口带运米石，奏请就厦粜卖，分散漳泉二郡，接济民食”[①]。乾隆十一年（1746），龙溪县商民何景兴运回 1000 石大米；乾隆二十二年，龙溪县船户郑吴兴运回米 3900 余石，海澄县船户黄顺祥运回米 5200 余石。乾隆三十四年正月，地方督抚奏报称：“龙溪县船户吴正色，运到米二千三百石，系殷商赖逢贵备资付托购回……又海澄县船户陈福顺，运到米一千五百六十石，系殷商姚殿策备资付托购回，俱经按照时价陆续粜卖。”[②]

因此，到 18 世纪中叶，漳州沿海相继兴起一批贸易的小港口，“素通番船，其贼多谙水道，操舟善斗，皆漳、泉、福、宁人。漳之诏安有梅岭、龙溪、海沧、月港……各海澳僻远，贼之窝向，船主、喇哈、火头、舵公皆出焉”。[③] 如龙溪、海澄、漳浦等港口经常和东南亚的荷属印尼、暹罗等国家进行贸易，漳州海商在与西方人进行商贸交往过程中，敏锐地捕捉商机，不断地将本地的茶叶、漳绒、漳绸、漳绣、漳纱、瓷器，尤其是克拉克瓷从港口运出，与海外商人进行交易，利润惊人。当时，一些华人目睹了巴达维亚的商贸情形，从漳州等运来的物品大约有“饮食衣服器皿药饵之所需”，如茶、漳烟、丝袜、丝绸、花缎、丝带、纸料、瓷器、铜壶、川漆、龙眼、柿果、青果、面粉、人参、土茯诸药材等类，“毕致之以市利”。[④] 这些物品吸引了西方人前来交易，如 1868—1873 年间，荷兰人雷尼克・范比克 3 次前往印度尼西亚旅行，在此期间他购买了大量的漳州窑瓷器。另外一个荷兰人范・德梅伦（1895—1900 年荷兰东印度公司的负责人）在其

① 《皇朝文献通考》卷三十三。

② 林京志：《乾隆年间由泰国进口大米史料选》，《历史档案》1985 年第 3 期。

③ 乾隆《福建通志》卷七十四《艺文》。

④ ［清］王大海撰著，姚楠等校注：《海岛逸志》，香港学津书店 1992 年版，第 175 页。

手记中谈道："在巴达维亚（印度尼西亚首都雅加达），只要是工作之外的空余时间，我都会摸向古董地摊，在街头巷尾向当地人打听有关古玩的消息，或者直接进入店铺，环顾四周，然后买下最有价值的一些瓷器。"① 显然，中国瓷器多由沿海运往东南亚，并吸引英荷等西欧商人。

在越南昆仑岛发现的清代沉船中，发掘出水了"漳州窑系的青花瓷、罐、器盖、碟、茶碗、盒等生活用具。红色的方形铺地砖、石雕的柱础等建材也占据了中部几个舱位，数量可观"。②

近代因沿海通商口岸开放，不少漳州商人频繁前往海外谋求发展。据诏安黄姓《紫云族谱》记载：清道光二十二年（1842）即有黄世钮、黄世铜、黄世鑫、黄长河、黄长汉、黄长海等因本地生意萧条，而相邀乘船到马来亚沙捞越美里坡谋生；咸丰年间，漳浦马坪乡文店村戴文水从海澄港尾卓岐乘帆船出国，前往新加坡，在彼处从事小商贩生意，此后发展成为巨富，并娶英国女人为妻；又有漳浦县佛潭白石人杨士让往暹罗波竭省，由小贩遂变成为巨商。

19 世纪中期的马六甲、槟城等地航运基本由漳州人控制，主要是来自龙溪、海澄的邱、谢、林、杨等姓，1869 年《槟城阿格斯报与广告商报》登载的一份信息中记录有 81 艘船，其中 41 艘为华人所有。在槟城，邱氏、谢氏、林氏三姓控制了大多数的船舶，邱心菊（Kooh Sim Keok）、谢昭盼（Ceah Chow Phan）经营的三桅帆船"阿德莱德"号从槟城运载锡、米、槟榔到中国，把沿海商品运到缅甸、槟城等东南亚地区。③

---

① 黄忠杰：《荷兰普林西霍夫博物馆藏漳州窑瓷器》，《紫禁城》2011 年第 4 期。

② 吴春明：《环中国海沉船：古代帆船、船技与船货》，江西高校出版社 2003 年版，第 317 页。

③ ［马］黄裕端著，［马］陈耀宗译：《19 世纪槟城华商五大姓的崛起与没落》，社会科学文献出版社 2016 年版，第 35 页。

华侨帆船从中国运来货物，主要以丝绸、瓷器、茶叶为主，再转运欧洲；从中国运来的土糖、渔网、棉布（土布）、烟丝、金叶等物直抵缅甸，返回中国时又从缅甸装载玉石、珍珠、象牙、棉花、紫梗（虫胶）、蜂蜡、鱼胶等物品。

近年来在漳州陆续发现有国外货币。2008年漳州市钟法路工地出土了一批西班牙、墨西哥、美国等国银币，如西班牙“人像双柱”银币，为1800年铸造；墨西哥银币共发现35枚，其中新版的有1856年多叔那瓜版银币，1868年瓜达拉哈纳版银币，1868年克台克斯版银币，1868年丘利阿根版银币；而旧版墨西哥银币，又称天平图鹰洋，有1870年克台克斯版银币，1870年墨西哥版银币，1871年多叔那瓜版银币；美国鹰洋，有1857年美国旧金山造币厂印铸的半美元银币，1874年美国卡森城造币厂印铸的美国贸易银币。此外，还有荷兰、英国的东印度公司银币。[①] 清康熙二十三年（1684），朝廷开海禁，漳州民众从海澄、漳浦、东山湾、诏安宫口等地方出洋经商，在一定程度上促进了海外贸易的发展。光绪十九年（1893），朝廷颁布法令：“除华侨海禁，自今商民在外洋，无问久暂，概许回国治生置业，其经商出洋亦听之。”[②]

1662年荷兰东印度公司被迫从台湾撤出后，荷兰与中国的贸易大多依靠每年航行到荷属东印度公司的中国帆船。不过这些贸易和人员来往，从近代荷印吧城的华人贸易来往漳州物品来看，相对明末已衰退不少，更多的是一些药品等必需品。如1845年吧城杨甘露控杨本生欠药材款一案，杨甘露称“素常往办药材……系是广东、漳州洋行装配而来”，贸易货物中还有“茶罐箱，并薄荷油”。[③]

---

① 阮永好：《鑫荣花苑二期工地银元窖藏清理简报》，《福建文博》2010年第3期。

② 赵尔巽等撰：《清史稿》卷二十三，中华书局1976年版，第904页。

③ ［荷］包乐史主编，侯真平等校注：《公案簿》第四辑，厦门大学出版社2005年版，第152—154页。

1880年厦门海关年报报告说，漳州府的长泰县，经由浦南线路，向厦门运送来茶叶、烟丝和烟叶；南靖县经过漳州线路，运来麻布袋、纸、腌制萝卜等；龙溪县也经由漳州和浦南线路等，向厦门运去糖、水仙花球茎以及少量产自漳州府的丝织品和丝线，以及“洋葱、植物油、植物脂、铜线、铜器、荔枝干、真金箔、锡箔、烟叶、烟丝、爆竹、朱砂、红丹、墨水、南京布和铁器”；海澄县则向厦门运桂圆干、人造金丝、烟叶、烟丝、红丹、药材、皮革、胶等，经过九龙江及九龙江外海湾汇集到厦门口岸出口。[①]

19世纪，英法等殖民国家为了开发东南亚，大肆在中国东南沿海搜索拐卖劳动力，如19世纪40年代法国投机商率先来厦门贩卖苦力到布尔帮岛。1852年厦门因拐卖劳工骚乱事件之后，华工贸易转移到了汕头。漳州的诏安、东山、云霄等县华工大都从汕头贩卖出洋，薛福成在《出使英法义比四国日记》记载英属西印度（马来亚）的华工贩卖出口每年有十余万人，“由汕头来者十居六七，由厦门来者十居二三”，而漳州南部的铜山、云霄、诏安等地人大都从汕头贩卖出洋。1876—1898年由汕头出海前往南洋的华工约为151万人。

第二节　民国时期漳州与南洋的联系

中华民国建立后，厦门海关监督公署成立，原来漳州石码、铜山等常关移交厦门管理。1938年，厦门沦陷，厦门海关迁往鼓

① 承光大主编，陈景涛副主编：《漳州市对外经济贸易志》，海风出版社1995年版，第123页。

浪屿。9月，漳州石码等改隶属闽海关。时在厦门的英美洋行通过领事馆使得日本当局准许漳码交通船悬挂中立国旗帜到厦门交易，由厦门洋行的漳码代理商通过关系请福建省政府准许贸易，由漳州驻军师部管理，将粮食等以外的土产输出，进口纺织品、煤油、日用品等洋货。这一活动直至1941年12月因太平洋战争而停止。1945年抗战胜利后，漳州进出口由厦门转口，漳州南部的漳浦、云霄、东山、诏安等进出口由汕头转口，也有的从卓岐等地乘帆船前往南洋贸易。

1915年，荷印中华商务总会顾问（诏安籍）林菘磐回国，到海澄县考察嵩屿，并提出了《福建开辟华侨新商埠议案》，提议吸引华侨资金，在嵩屿建立一个新商埠。主要内容有：改嵩屿为一新行政区，让华侨合营新商埠；阐述规划龙（溪）同（安）海（澄）交界至沿海一带地方为福建华侨新商埠区域之理由；新商埠设立新行政区，设立民政厅及议会；筹集华侨新埠股资，应设华侨商业汇通银行，并附有办法条约；论福建新商埠华侨应有种种建设及办法序次，附新商埠预算；闽侨对于经营福建新商埠应负有责任心，提出志愿书于政府。[①] 次年，北京政府通过此方案。此后由于军阀统治，都督李厚基搜刮民财，扩军备战，显然是无意开辟嵩屿新商埠。直到1930年，南京国民党通过了嵩屿开辟为商埠的提议，并陆续开展相关工作。

华侨倡导修建铁路。1926年3月，南洋闽侨救乡代表大会在厦门鼓浪屿策进俱乐部召开，代表中有龙溪籍的菲律宾华侨杨忠懿、杨忠信，海澄籍林文庆，以及爪哇三宝垄华侨郭春秧的私人代表郭汉泉、傅维湘等漳州籍华侨。该会议讨论通过了郭汉泉、

① 福建省图书馆辑：《民国时期福建华侨史料汇编》第一册，国家图书馆出版社2016年版，第27—64页。

黄奕住等提出修建漳厦铁路和筹办漳厦铁路龙岩段，并在嵩屿兴建模范村等建议。会议决议成立铁路委员会，郭汉泉、林文庆等人为委员。[①] 1933 年，南洋侨界领袖李清泉认筹漳龙铁路资金 150 万元，不过此后因福建事变以及抗战，此铁路未建成。当时闽南华侨希望通过建设铁路以及商贸港口达到救乡目的，同时也能够加强与南洋的贸易往来。

自晚清以来，漳州不少传统出口商品数量波动较大，如光绪二十八年（1902）漳州水仙花头出口 168.7 万粒，价值 33124 海关两；宣统三年（1911）增加到 386.7 万粒，价值 45353 海关两；到了 1919 年水仙花头出口仅 350 万粒。漳州水仙花头不少是经过香港转销海外，如近代，漳州龙溪县南乡新塘下庵陈振龙在香港开设的"宜春行"，专营水仙花头，是漳州水仙花头经香港销往世界各地的中转站。到了 1934 年龙溪县销往海外的水仙花头仅 237 万粒。[②]

烟草贸易也面临同样的问题。清代长泰县的枋洋、林墩等地所产烟叶较为有名，在乾隆至嘉庆（1736—1820）年间，枋洋内枋的蔡仁山经营烟丝，销售南洋而成巨富；道光（1821—1850）年间林墩埔尾人林蚌、寨内人林荷兰加工的"鹿牌"烟丝，赤岭的仁记、锦香等烟庄制成的"龙虎牌"烟丝，都销往南洋等地，获利颇丰。石码的华山烟庄，是海澄人曾文替于光绪六年（1880）创设，所产的金丝烟，外销南洋的雅加达、井里汶、三宝垄、泗水、直葛等地，直到抗战时海运受阻而停止。万山和记烟庄，是平和的周诵三于 1912 年创办，采用机器加工烟丝，产品销往新加

① 福建省图书馆辑：《民国时期福建华侨史料汇编》第一册，国家图书馆出版社 2016 年版，第 104—115 页。

② 承光大主编，陈景涛副主编：《漳州市对外经济贸易志》，海风出版社 1995 年版，第 168 页。

坡、马来亚等地，年产量5万多千克，抗战爆发后亦即停止运销海外。

清代漳州的茶叶也是通过九龙江北溪的浦南线运往厦门出口，其中安溪茶叶大部分也是通过漳州线路运送。据1880年厦门的海关贸易年报记载："本口岸的茶叶大约是210000半箱，而安溪县经由同安线路供应了大约25000半箱……所有其他的茶叶是浦南线路运来的。大约44000半箱是在浦南聚集的。它们大都来自漳州府的长泰县。它的次一级市场是仙都和良村。"其他经由北溪运来的茶叶，大概是漳平县城43000半箱、华葑43000半箱、新桥15000半箱、白沙10000半箱、宁洋县城20000半箱。

清代漳州等地的乌龙茶在欧美和南洋都非常畅销，但是晚清到民国初出口慢慢衰落，其原因可以在厦门的贸易报告中窥探一二："对于乌龙茶虽然仍像以前那样需求量是很大的，但当同类茶叶的栽培在台湾北部发展起来，厦门乌龙茶便失去了在美国市场的支配地位。与肥力耗尽、管理粗劣的旧茶地相比，新的种植园出产的茶味道便更佳美，加工更完善……茶农们年复一年减少的收益更迫使他们进一步减少自己的付出。这样一来，自然进一步降低了产品的质量，从而降低了茶叶的价值。由此产生了这样一个恶性循环；利润的减少使茶农无力顾及栽培的改进，而茶树栽培的改进愈少，则质量愈差，茶叶价值也就愈来愈低。"同时还有高额税率和交通不便带来的高额运费，两者费用合计"高达茶叶原价的34%"。更致命的是日本茶叶几乎支配了美国市场，"据说日本向美国进口的茶叶翻了近一番，同期内厦门的茶叶则下降50%以上。据知，日本征收的茶叶出口税不及中国之半"，但"当权者对此没有作过任何的努力和考虑……大批劳力已转移到台湾北部。也有许多人加入了正在兴起的前往爪哇和海峡殖民地的移民浪潮中”。[①] 漳州茶叶的传统欧美市场进一步衰退。

不过，茶叶贸易唯一稳步上升的是华侨聚居的南洋各国。据统计，漳州各地茶庄除了一部分内销外，主要是通过厦门口岸销往南洋，“光绪中期约为 12 万市斤，光绪末期约为 18 万市斤，民初至抗战前夕约 20 万市斤”[②]，主要是南洋华侨人口增多，以及他们对祖籍地所生产茶叶的嗜好。这种外销势头的增长一直到抗战爆发后才中止。

---

① 承光大主编，陈景涛副主编：《漳州市对外经济贸易志》，海风出版社 1995 年版，第 175—176 页。

② 承光大主编，陈景涛副主编：《漳州市对外经济贸易志》，海风出版社 1995 年版，第 176 页。

月港地理位置略图

下篇

第四章

海商海盗孰能辨

——明中后期至清初的漳籍海盗与海商

第一节 漳州海商的崛起

一、明初漳州海商的海外分布

跟随郑和出使西洋的马欢在《瀛涯胜览》“爪哇”“旧港”条中，详细地记载了明初广东、福建的泉州和漳州等地的百姓在海外生活的情况：“国有三等人，一等回回人，皆是西番各为商流落此地，衣食诸事皆清致。一等唐人，皆广东、漳、泉等处人窜居此地，食用亦美洁，多有从回回教门受戒持斋者。一等土人，形貌甚丑异，揉头赤脚，崇信鬼教。佛书言鬼国其中，即此地也。人吃食甚是秽恶，如虫蚁及诸虫、蚓之类，略以火烧微熟便吃。家畜犬，与人同器而食，夜则共寝，恬无忌惮。”[①] 由此可见，在当时的印尼群岛上，有三种族群在活动，一种是信仰伊斯兰教的人，一种是从广东、福建漳州与泉州沿海地区迁移出去的中国人，还有一种是当地的土著居民。

在 16 世纪末荷兰殖民主义者入侵印尼群岛之前，爪哇岛上的杜并、锦石、泗水、万丹等地还曾是中国人聚居的贸易中心，此外，还有中国移民在贸易口岸附近种植水稻和胡椒，制造砂糖。[②]其中，漳州籍的海外移民占了很大一部分。一些商人成为海外诸国的使者，向明朝进贡，如正统三年（1438），“爪哇国使臣亚烈、马用良，通事良殷、南文旦奏，臣等本皆福建漳州府龙溪县人，因渔于海，漂堕其国。今殷欲与家属同来者还其乡，用良、文旦欲归祭祖造祠堂，仍回本国。上命殷还乡，冠带闲住，用良、文旦但许祭祖，有司给口粮、脚力”。[③]

这一时期，婆罗洲也有相当的海外移民。勾栏山（在今加里曼丹）在明初已是“唐人与番人丛杂而居之”。随后，“郑和使婆罗。闽人从之，因留居其地，去吕宋商贩玉者数万人，往往久居不返，至长子孙，尤其漳泉人多往焉”。

到了明代，中南半岛也有了华侨在那里从事商业贸易活动，其中柬埔寨的华侨已有专门的集中居住区。《东西洋考》卷三记载，柬埔寨“以木为城，是华人客寓处”。早期定居柬埔寨的闽籍华侨，主要是务农和经商，作为日用商业的零售商和土特产品的收购商，几乎遍及柬埔寨城乡。1609 年，在当时金边的两万居民中，华侨就占了 3000，出现了“唐、西洋、日本、者巴商舶凑

① ［明］马欢著，万明校注：《瀛涯胜览》，中国旅游出版社、商务印书馆 2016 年版，第 21 页。

② 郭梁：《鸦片战争以前华侨历史的发展阶段》，《南洋问题研究》1982 年第 4 期。

③ 《明英宗实录》卷四十三。

集”的繁荣景象。[①]

在马来半岛，龙牙门已是“男女兼中国人居之”，满剌加（马六甲）是中西交通的要冲，这里的居民“身体黝黑，间有白者，唐人种也”。华侨移居这里已历数年，才有可能出现“唐人种”。[②]马来西亚的华侨，多来自福建，且以闽南的陈、戴、李、黄等姓为多。[③]

根据记载，元末明初已有福建人到菲律宾传授耕种和造酒的技术，1406—1417 年间，郑和曾经到达吕宋、岷罗洛与苏禄等地，随之中国人移居菲律宾逐渐增多。《明史》记载：“先是闽人以其地近且饶富，商贩至者数万人，往往久居不返，至长子孙。”总而言之，在明代中叶以前，漳州籍海商已经在南洋各地出现，他们大多数是移居国外谋生的商人和手工业者，居住地大都是海上交通及贸易比较发达的港口及其附近地方。[④]

二、西方人的东来

1498 年，葡萄牙人达·伽马“发现”了绕过好望角抵达印度的新航线，此后葡萄牙人源源不断地来到东方。正德（1506—1521）年间，正当沿海各省居民突破明廷的海禁防线之时，西方人也开始来到中国沿海，并在海洋上与中国商人相遇。葡萄牙人就是其中比较早来的西方人。1511 年，葡萄牙人占领了马六甲，

---

① 肖北婴：《“海上丝路”与中国古代的海外移民》，《八桂侨刊》2005 年第 1 期。

② 郭梁：《鸦片战争以前华侨历史的发展阶段》，《南洋问题研究》1982 年第 4 期。

③ 肖北婴：《“海上丝路”与中国古代的海外移民》，《八桂侨刊》2005 年第 1 期。

④ 郭梁：《鸦片战争以前华侨历史的发展阶段》，《南洋问题研究》1982 年第 4 期。

之后开始进入南中国海，并且派人到广东沿海一带活动：“（麻六甲）本夷市道稍平，既为佛郎机所据，残破之，后售货渐少。而佛郎机与华人酬酢，屡肆辀张，故贾船希往者。直诣苏门答剌必道经彼国。佛郎机见华人不肯驻，辄迎击于海门，掠其货以归。数年以来，波路断绝。然彼与澳夷同种，片帆指香山，便与粤人为市，亦不甚借商舶彼间也。”① “佛郎机，近满剌加。正德中，据满剌加地，逐其王。十三年遣使臣加必丹末等贡方物，请封，始知其名。诏给方物之直，遣还。其人久留不去，剽劫行旅，至掠小儿为食。”② 可见，来到东南亚的佛郎机人首先占据了马六甲，并与中国商人在南海相遇，甚至曾经在海上掠夺华人货物。一段时间之后，他们来到了中国的广东沿海，与香山附近的粤人进行贸易活动。另外，《明史》中关于佛郎机的相关记载，是明廷对葡萄牙人最初的直接印象——知道佛郎机人占据了满剌加地方，并且将他们的统治者驱逐之。因而，当他们向明廷提出贸易通商的要求时，明廷并没有同意，而是给他们赏赐了一些东西，想把他们打发走。然而，葡萄牙人却在中国沿海逗留不去，暗中与沿海居民展开贸易活动。

根据中外文献的记载，葡萄牙人最早抵达漳州海面的时间是正德十三年（1518），此后，葡萄牙人在漳州海面持续进行隐藏式贸易长达30年之久，并曾经在浯屿岛建立了贸易居留地。③ 其实，刚开始的时候，葡萄牙人是先到广东海面的，但是遭到广东官员的阻止。“自是安南、满剌加诸番市，有司尽行阻绝，皆往福

① ［明］张燮著，谢方点校：《东西洋考》卷四《西洋列国考·麻六甲》，中华书局1981年版，第70页。

② 《明史》卷三百二十五《列传》第二百一十三。

③ 杨国桢：《葡萄牙人Chincheo贸易居留地探寻》，《中国社会经济史研究》2004年第1期。

建漳州府海面地方私自行商，于是利归于闽，而广之市萧然矣”。[1] 于是，佛郎机人开始来到福建漳州月港、梅岭等海面上，与当地百姓暗中展开贸易活动。正德（1506—1521）年间，这样的情形愈演愈烈，不仅如此，月港地方上经济繁荣甚至引来了盗贼窥视。一时之间，地方官府无力禁止，明朝军队也曾经一度应接不暇："澄在郡东南五十里，本龙溪八九都地，旧名月港。唐宋以来为海滨一大聚落。明正德间，豪民私造巨舶，扬帆外国，交易射利，因而诱寇内讧，法绳不能止。"[2] 嘉靖二十六年（1547），佛郎机人载货私泊浯屿，引来漳泉商人汇集贸易。又有，《嘉靖东南平倭通录》中说道：浙人通番皆自宁波定海出洋，闽人通番皆自漳州月港出洋。[3] 由此，我们看到地处九龙江入海口之滨的月港，在经过了景泰以来私人海上贸易的不断发展和壮大，通番贸易在当时的海洋社会早已是司空见惯。

这个时候，西班牙人也来到了东方。正德六年（1511），西班牙人进占菲律宾，16 世纪 70 年代确立了对菲律宾的统治，建立了以马尼拉和美洲阿卡普尔科为据点的亚、美贸易体系。西班牙人于 1545—1548 年在墨西哥与秘鲁发现了特大银矿，其产量占世界的三分之二。1600 年以后，西班牙人每年运载白银 200 余万元到马尼拉进行贸易，多的时候达到 300 万元。这些白银主要用来采购中国商品，一直到明朝末年。晋江人何乔远也曾提及："东洋则吕宋，其夷佛郎机也。其国有银山出银，夷人铸作银钱，独盛我中国。人若往贩大西洋，则以其所产货物相抵，若贩吕宋，则

① 傅衣凌：《明清时代商人及商业资本　明代江南市民经济试探》，中华书局 2007 年版，第 106 页。

② 《（乾隆）海澄县志》卷一《舆地志·建置》。

③ 傅衣凌：《明清时代商人及商业资本　明代江南市民经济试探》，中华书局 2007 年版，第 107 页。

单是得其银钱而已。是两夷人者，皆好服用中国绫缎杂缯。其土不蚕，唯借中国之丝为用。湖丝到彼，亦自能织精好段匹，鋈凿如花如鳞，服之以为华好。是以中国湖丝百斤，值银百两者，至彼悉得价可二三百两。而江西之瓷器，臣福建之糖品、果品诸物，皆所嗜好。佛郎机之夷虽名慧巧，顾百工技艺皆不如我中国人。我人有挟一技以往者，虽徒手，无所不得食。是佛郎机之夷代为中国养百姓者也。"①

荷兰则于 17 世纪前半期逐步确立在爪哇的统治，构筑巴达维亚城并以此为中心，经营远东贸易。大约与此同时，日本政局混乱，群雄割据，许多浪人剽掠海上，加上因明廷实行严厉的海禁政策而游离出来的走私群体，这些走私群体甚至拥有了武装力量。他们不仅称霸海上，而且还经常上岸行劫繁华的市镇。此时的东南海洋上，除了日本的倭寇，还有中国沿海的走私商人以及东来的佛郎机人。

三、隆庆开海与漳州海商的发展

隆庆初年，明廷开始实行有限制地部分开放海禁的政策，老百姓可以申请船引，以合法的形式出海贸易，从而使得海商数量之多甚至大大超越之前的走私贸易时代。在月港周边地区，"田多斥卤"的现实情况使得本区域的农业生产难以保障，百姓们饱受潮患之苦。而与从事农业生产相比，贩海经商可以带来丰厚的收入。因此，不论是富裕之家，还是贫寒之户，他们都积极地投入海洋贸易的大潮中，富者出资，贫者出力，将中国的土特产转运

① ［明］何乔远著，陈节、张家壮点校：《镜山全集》卷二十三《请开海禁疏》，福建人民出版社 2015 年版，第 675 页。

至海外贩卖，往往可以赢得10倍的收入。不仅月港附近地方如此，在当时漳州沿海的许多地方，贩洋已经成了老百姓日常生计的重要模式。“盖漳，海国也。其民毕力汗邪，不足供数口。岁张艅艎，赴远夷为外市，而诸夷遂如漳窔奥间物云”。[①] 在这股海洋贸易的浪潮中，漳州九龙江下游两岸区域迎来了社会经济发展的高峰时期，到处呈现出欣欣向荣的景象，正所谓“风回帆转，宝贿填舟，家家赛神，钟鼓响答。东北巨贾，竞鹜争驰”。一时之间，地方社会到处充满着海洋贸易的冒险因子。根据《流传郭氏族谱》记载，龙溪二十八都流传社郭氏，“十一世孙启祠公，应柏公次子也，卒于吧国，妣姓氏未详，生于万历二十六年戊戌二月廿五日戌时，卒于顺治四年戊子九月十二日卯时，寿五十一，坟墓无考，生男三：长曰仕英、次曰仕雄、三曰仕杰”。[②] 又有龙溪翠林郑氏，“十一世忠房，蓥，号苍水，往番；五姐，往番。十三世睦房民护、元炤，名瑞，往番，卒于番。十三世睦房，宋朝，往吕宋。十二世尔练，名一郎，往番，卒于番。莹，往番。继康，万历二十八年往暹罗”。[③] 再有龙溪卿山高氏，“十七世仲镆，号次仰，振寰次子，生于万历丁酉年，卒于崇祯己卯年十二月十一日。次仰亡在番邦。十七世褒，字孺衷，生于万历癸巳，卒在番邦。十七世殿，字萃区，娶王氏，生子曰寅，萃区生于万历乙未年，往番邦吕宋国，王氏别配”。[④] 漳州地区的百姓们出洋贩海经商，饶有成绩，有的人甚至在海外担任了中国商人与当地官府沟通往来的华人首领，如龙溪文苑郑氏十一世祖逸坡公：“长房·逸

① ［明］张燮著，谢方点校：《东西洋考》之《序》，中华书局1981年版，第13页。
② 《流传郭氏族谱》，清嘉庆年间。
③ 《荥阳郑氏漳州谱·翠林郑氏》，2004年重编。
④ 《高氏族谱（卿山）》，南明永历九年（1655）修，续至嘉庆。

坡公：十世孙思显之子启基，生于明隆庆元年，卒于万历四十五年，又名郑芳扬，是马六甲第一任甲必丹，爱国侨领。卒葬彼处三宝山南坡，祀位中国式青云寺，给后人凭吊。”①

此外，南洋地区的猫里务、爪哇、渤泥等地，也有相当多华人活动的痕迹。例如，“合猫里：又名猫里务。近吕宋，商舶往来，渐成富壤。华人入其国，不敢欺凌，市法最平，故华人为之语曰：若要富，须往猫里务”；“爪哇：人有三种，华人流寓者服食鲜华，多广东、漳、泉人，他国贾人居久者亦尚雅洁，其国有新村，约千余家，最号饶富，中华及诸番商舶辐辏其地，宝货填溢，其村主即广东人，苏鲁为益，亦有千余家，半中国人”；“渤泥：华人多流寓其地，有漳州人张姓者，处为其国阿督，华言尊官也”。

当时国人海洋活动的范围遍及吧国（今印尼雅加达）、吕宋、暹罗、马六甲等地以及一些笼统称为“番”“番邦”的国家和地方。另外，我们从张燮《东西洋考》中关于陆饷征收则例的记载，可以看到月港开海之后，中外进出口贸易商品多达上百种，其中有月港附近的土特产，也有江南地区的丝绸物品等。② 以月港为主要出海口岸的福建海商日渐活跃在南中国海，他们通过与西班牙人、葡萄牙人以及荷兰人等西方人的贸易往来，将中国的国内市场与世界市场联系了起来，而月港也成为当时中外贸易网络中的重要一环。

通过月港进口的白银绝大部分留在了海商手中，一方面，他们将一部分财富用于再次出海行动中；另一方面，他们开始丰富

① 《文苑郑氏（长房四世东坡公世系）族谱》，2002 年续编。

② ［明］张燮著，谢方点校：《东西洋考》卷七《饷税考》，中华书局 1981 年版，第 141—146 页。

各自的生活内容，奢华气息一时充斥着海洋社会。月港从之前士人不关注的海滨之地，变成了连接海内外市场的重要地点，大量的货物在这里被装载运走，而换回的钱财也汇聚到富商的手中。夷地所产的商品处处可见，如犀角和象牙等司空见惯，家家户户不管是农人还是渔翁都在为自己的生计而积极忙碌着。与此同时，白银大量流入福建沿海地区并留存于商民手中，对地方海洋社会新一轮的建设给予了财力上的支持。在这个时期，商民们踊跃捐资，兴修了很多公共设施，例如万历八年（1580），海澄知县周祚在其任上主持新开县城西北隅水门："令甫下，民争捐资，伐石鸠工，帑不及官，浃旬告成，言言将将，汲者欢呼于道，贾肆星列，商舟云连，手额交口称，而城址靡所委渍，俨然金汤，称雄镇焉。"[①]

四、机易山事件与马尼拉大屠杀

月港开放后的40余年，是漳州海商主导东亚贸易网络的黄金时代。[②] 当时由月港出洋的商船，"大者，广可三丈五六尺，长十余丈；小者，广二丈，长约七八丈"，这些海外贸易的船只遍布于东西洋各地，但大多数集中到马尼拉贸易。《东西洋考》有云："吕宋……其地去漳为近，故贾舶多往……华人既多诣吕宋，往往久住不归，名为压冬。聚居涧内为生活，渐至数万，间有削发长子孙者。"明代中后期海外最大的华人社会是菲律宾的马尼拉。1571年，西班牙人占领马尼拉，当地只有150余名华人，从事丝织品、棉布及其他杂货贩卖。西班牙经营菲岛初期，采取优待华商政策，鼓励华人前往菲岛贸易。而且西班牙利用美洲白银与华

① ［明］柯挺：《周侯新开水门碑记》，载《（乾隆）海澄县志》卷二十二《艺文志·记》。

② 杨国桢：《十六世纪东南中国与东亚贸易网络》，《江海学刊》2002年第4期。

人交易，这对处于“银荒”的明代社会无疑具有巨大的吸引力。1573年就有8艘华船来到马尼拉，载来各种商品，每艘还至少搭载华人100名。1588年到马尼拉的中国商船多达30多艘，载有大量华人，连同原来的菲岛华人，总数已达万人以上。仅华人聚居的涧内（又叫八连）就有华侨商店150家、华商600名，还有从事渔夫、园丁、猎人、织工、砖瓦、烧石灰、木匠等各种行业的华侨。何乔远也有类似的记载：“其地迩闽，闽漳人多往焉，率居其地曰涧内者。其久贾以数万，间多削发长子者。”当时，福建巡抚许孚远说：“东西二洋，商人有因风涛不齐，压冬未回者，其在吕宋尤多。漳人以彼为市，父兄久住，子弟往返，见留吕宋者盖不下数千人。”[①]

漳州地近菲律宾，当时很多出洋贸易的商人选择前往马尼拉，用中国商品换回西班牙人从美洲运来的白银，数量之多促使明廷出台专门措施以征收商税，即为“加增饷”。而当时马尼拉聚集了数量众多的华人，他们开始形成了早期的华人聚居区，如涧内等地。菲律宾华人数量的不断增加，使得西班牙人开始担心起他们的统治地位，而机易山事件的发生无疑是推动菲律宾西班牙人与华人关系紧张乃至对华人实行大屠杀的催化剂。

万历三十年（1602），张嶷向明廷上奏，说吕宋有一座机易山，山上出产金豆。海澄士绅高克正专门撰写了《折吕宋采金议》三则，驳斥了张嶷的谬论。但明廷依然派出海澄县丞王时和、百户于一成前往吕宋进行勘查。吕宋方面听闻这个消息，非常紧张，后在当地华人的解释下稍微宽心。但西班牙人面对着吕宋数量众多的华人，担心他们的统治将受到威胁。万历三十一年，统治菲

① ［明］许孚远：《疏通海禁疏》，载陈子龙等选辑：《明经世文编》卷四百《敬和堂集》，中华书局1962年版，第4332页。

律宾的西班牙人开始对华人发起了攻击，在马尼拉的华人被残杀者 2 万多人。消息传回闽南，一时之间，整个闽南海洋社会到处充斥着痛失亲人的悲愤之情。

1603 年马尼拉大屠杀，给蓬勃发展中的闽南海洋社会蒙上了一层阴影，特别是在“澄民习夷，什家而七”的月港及其周边地区。根据崇祯《海澄县志》记载：“华人在吕宋者，为吕宋王所杀，计捐二万五千人，为澄产者十之八。”

除了方志，在今天所能看到的族谱中，我们在《福河李氏宗谱》中也看到了当年惨案的一丝痕迹。福河，地处九龙江西溪与北溪交汇处南岸区域的一个村落，明代隶属于龙溪县十一都福河社：“十五世（大潭墘）默，字志学，生万历五年，往吕宋，遭兵变，终万历三十一年（1603）；松，字绍坚，生嘉靖二十七年（1548），终于吕宋。榆，字绍春，发船吕宋，破家亡身，贻累宗族，生嘉靖四十年，终于吕宋，子崇鲁。十六世（大潭墘），思涵，号绍养，生万历六年，终万历三十一年，往吕宋，遭兵变以丧其躯”。[①]

明廷在漳州月港部分开放海禁，准许私人出海贸易，使得中国海外贸易迅速发展，大量商船涌向马尼拉、日本等地，以中国的生丝、丝织品换取大量的墨西哥银圆和日本白银，与此同时也形成了一股海外移民浪潮。这些移居海外的华人，为侨居地早期的开发与经济繁荣都做出了贡献。[②] 福建巡抚徐学聚曾经言及：“吕宋本一荒岛，魑魅龙蛇之区，徒以我海邦小民，行货转贩，外通各洋，市易诸夷。十数年来，致成大会。亦由我压冬之民，教

① 《福河李氏宗谱》，清康熙三十五年（1696）续编，1995 年复印。

② 李金明：《明代后期的海外贸易与海外移民》，《中国社会经济史研究》2002 年第 4 期。

其耕艺，治其城舍，遂为澳区，甲诸海国。”[①] 对于这一点，即使是西班牙殖民者也不得不承认，如马尼拉总督摩加在16世纪末宣称：“这个城市如果没有中国人确实不能存在，因为他们经营着所有的贸易、商业和工业。”一位当时的目击者胡安·科博神父（Father Juan Cobo）亦公正地说过：“来这里贸易的是商人、海员、渔民，他们大多数是劳动者。如果这个岛上没有华人，马尼拉将很悲惨，因为华人为我们的利益工作，他们用石头为我们建造房子，他们勤劳、坚强，在我们之中建起了最高的楼房。”一些菲律宾史学家对此也作了公正的评价，《菲律宾通史》的作者康塞乔恩（Joan de la Conception）在谈到17世纪初期的情况时写道：“如果没有中国人的商业和贸易，这些领土就不可能存在。”如今尚屹立在马尼拉的老教堂、僧院及碉堡，大多是当时移居马尼拉的华人所建。约翰·福尔曼（John Foreman）在《菲律宾群岛》一书中亦谈道：“华人给殖民地带来了恩惠，没有他们，生活将极端昂贵，商品及各种劳力将非常缺乏，进出口贸易将非常窘困。真正给当地土著带来贸易、工业和有效劳动等第一概念的是中国人，他们教给这些土著许多有用的东西，从种植甘蔗、榨糖和炼铁，他们在殖民地建起了第一座糖厂。”

五、其他漳州海商的海外活动

明代到琉球进行贸易时就有“大都海为危道，向导各有其人，看针把舵过洋，须用漳人”[②]“琉球水手须用漳州”的说法。洪武

① ［明］徐学聚：《报取回吕宋囚商疏》，载陈子龙等选辑：《明经世文编》卷四百三十三《徐中丞奏疏》，中华书局1962年版，第4728页。

② ［明］谢杰：《琉球录撮要补遗》，台湾文献丛刊第287种《使琉球录三种》1970年版，第275页。

二十五年（1392），明廷“赐琉球闽人三十六姓善操舟者，令往来朝贡”[①]。后来，这些人在琉球“知书者授大夫、长史，以为朝贡之司。习海者授通事，总为指南之备”[②]，在琉球的对外关系中起了极为重要的作用。[③] 明代官员在谈到册封舟过海时，说道：“至于主张行船之人断非漳人不可，盖其浮历已多，风涛见惯，其主事者能严能慎，其趋事者能劳能苦。”[④]

从现存琉球《唐荣家谱》来看，自称洪武二十五年或洪武末，洪武、永乐间由闽迁来者，有蔡崇（泉州府南安县人）、郑义才（福州府长乐县人）、林喜（福州府闽县林浦人）、梁添（长乐县人）、金瑛（原系浙江人，元末游闽山，居于闽省）、洪某（闽人）。这是因为琉球是明初最密切的朝贡国，移民的目的是提供朝贡航海和翻译人才。当时，福建沿海“素通番舶”，其人“多谙水道，操舟善斗，皆漳、泉、福宁人，漳之诏安有梅岭、龙溪、海沧、月港，泉之晋江有安海，福宁有桐山……船主、喇哈、火头、舵公皆出焉”[⑤]。在明初海禁政策森严的年代里，如宣德五年八月，有人上告漳州巡海指挥杨全“受县人贿赂，纵往琉球贩鬻”[⑥]；正统三年（1438）十月，“福建按察司副使杨勋鞫龙溪县民私往琉球贩货”[⑦]。追随明朝册封使前往琉球私贩成为东南沿海

---

① ［清］龙文彬纂：《明会要》卷七十七《外藩一·琉球》，中华书局 1956 年版，第 1503 页。

② ［清］周煌辑：《琉球国志略》卷十，商务印书馆 1936 年版，第 51 页。

③ 谢必震：《试论明代琉球中介贸易》，《南洋问题研究》1986 年第 1 期。

④ 谢必震：《中国与琉球》，厦门大学出版社 1996 年版，第 27 页。

⑤ ［明］茅元仪编纂：《武备志》卷二百一十四《海防六》，明天启元年刻清修本。

⑥ 李国祥、杨昶主编，薛国中、韦洪编：《明实录类纂·福建台湾卷》，武汉出版社 1993 年版，第 488 页。

⑦ 李国祥、杨昶主编，薛国中、韦洪编：《明实录类纂·福建台湾卷》，武汉出版社 1993 年版，第 512 页。

很多百姓的选择。陈侃出使琉球后曾经言及："从予驾舟者，闽县河口之民约十之八，因夷人驻舶于其地，相与情稔，欲往为贸易耳。"[①] 谢杰使琉球后也说，琉球"硫黄最多，值且甚贱，从人多窃贩以归"[②]。还有漳州人"陈贵等七名，节年故违明禁，下海通番，货卖得利，今次适遇潮阳海船二十一只，稍水一千三百名，彼此争利，互相杀伤"[③]。当时中国沿海往琉球等地的私贩规模由此可见一斑。

据载，万历年间，题准补入三十六姓的有王立思、阮明、毛国鼎、陈华诸人。上述漳州四姓，全部出自濒海民间。据苏炳堃等调查，其祖籍地大致可以判断在龙溪县之步文乡（上苑村王氏、沙州村陈氏）和角尾乡（石美埭头村阮厝社阮氏、角尾田里村满美杜毛氏）。

移居印度尼西亚的华人同样为巴达维亚的开发与繁荣做出了贡献。[④] 荷兰东印度公司成立的第一个世纪里，不仅使用了华人劳力和华人建筑技术建造巴达维亚的城堡，而且把城里的财政开支都转嫁到华人农民的税收上。大凡城市的供应、贸易、房屋建筑，以及巴达维亚城外所有穷乡僻壤的垦荒工作，都由华人来承担。英国学者博克瑟（C. R. Boxer）曾说过："假如马尼拉的繁荣应归功于移居那里的华人的优秀品质，那么当时作为荷兰在亚洲总部的巴达维亚的情况亦一样。华人劳工大多数负责兴建这座城

① ［明］陈侃撰：《使琉球录》，商务印书馆1937年《纪录汇编》影印本。

② ［明］谢杰：《琉球录撮要补遗》，台湾文献丛刊第二百八十七种《使琉球录三种》1970年版，第278页。

③ ［明］严嵩：《南宫奏议》，载陈子龙等选辑：《明经世文编》卷二百一十九，中华书局1962年版，第2301页。

④ 李金明：《明代后期的海外贸易与海外移民》，《中国社会经济史研究》2002年第4期。

市，华人农民则负责清除城市周围的村庄并进行种植，华人店主和小商人与马尼拉的同胞一样，拥有零售商的绝大部分。我们实事求是地说，荷兰东印度公司对其首府的迅速兴起，应极大地感激这些勤劳、刻苦、守法的中国移民。”① 1959 年，印度尼西亚前总理沙斯特罗阿米佐约访华时，仍多次谈到当时的海外贸易与海外移民，他说道：“自从中国具有冒险精神的远洋帆船第一次开通了两国间的航路以来，中国和印度尼西亚的人民就一直是友好的邻邦。……中国的航船不仅带来了货物，随之而来的还有许多中国商人、工人、手工业者。他们在我国定居下来，带来了中国的技术和古老的文化。直到现在，我们许多岛屿上还保留着这些中国文化的精华。”

明末清初，有一些不满清朝统治的福建人逃亡国外。例如，漳州府龙溪县二十八都回鄙玉洲上社陈养纯，因“避难南来生理，衣服仍存明制”；漳州府海澄县潘文彦及其妻子也因“义不事清”而流亡越南。

除此之外，根据中外文献的记载，大约 16 世纪末和 17 世纪前半期，即我国明清之际，已经有一些中国商人、工匠、水手、仆役等沿着当时开辟的大帆船贸易航路，到墨西哥和秘鲁侨居经商或做工。由于是经由马尼拉辗转而来，他们又被称为“马尼拉华人”，其中漳州籍移民有相当的比重，他们将中国文化传入了拉丁美洲。②

---

① C. R. Boxer，Notes on Chinese Abroad in the Late Ming and Early Manchu Periods Compiled from Contemporary Sources（1500—1750），in Tien Hisa Monthly，1939Dec.，vol. 9，no. 5，pp. 460—461.

② 廖大珂：《福建与大帆船贸易时代的中拉交流》，《南洋问题研究》2001 年第 2 期。

第二节　漳籍海商海盗

一、嘉靖倭乱

明代中叶，葡萄牙人以浙江双屿、福建浯屿为据点，勾结沿海巨姓和商民，大肆进行私贩活动，甚至纠合倭寇海盗，骚扰劫掠东南海疆。嘉靖二年（1523），宁波发生了日本贡使争贡之役，此后日本被明廷禁止来华朝贡，而一些原先以“朝贡”名义来华贸易的日本商人只好潜至中国沿海一带从事走私贸易。这种走私贸易越来越猖獗，遂迫使明廷不得不在福建漳州月港部分开放海禁，准许私人出海贸易。而此后的中日贸易走向已发生变化，成为仅有中国商人载运货物到日本的单向贸易。[①] 当时，日本商人的足迹几乎遍及漳泉沿海的偏僻小岛与港口，比如厦门的浯屿岛。据说，嘉靖三十七年，漳州富商谢策、洪迪珍等人就曾把3000余日本商人招引到浯屿进行走私贸易。另外，根据明代安海人黄堪在《海患呈》一文中的记载，嘉靖二十四年三月，有日本船数十艘，其中的船主、水手大多是漳州人，他们熟悉当地情况，直接驶至围头、白沙等澳停泊，进行贸易。周围四方的土产货物，如月港新线、石尾棉布、湖丝、川芎等和各国走私商人，都汇集在这里交易，而当地群众亦乘机“以酒肉柴米络绎于海沙滩上，形

① 李金明：《十六世纪漳泉贸易港与日本的走私贸易》，《日本问题研究》2006年第4期。

成市肆”。由于日本商人是以白银做交易，漳泉滨海民众都喜欢与日本商人做买卖，他们事先把各地出产的货物收藏于自己家中，待日本商人来时售之。他们对日本商人何时来，来的人数多少，一般都能提前知晓。①

与此同时，日本市场也逐渐有漳州人前去贸易。嘉靖二十三年（1544），“忽有漳通西洋番舶为风飘至彼岛（日本），回易得利，归告其党，转相传语。于是，漳泉始通倭。异时贩西洋恶少无赖，不事产业。今虽富家子及良民，靡不奔走。异时维漳缘海居民，习奸阑出物，虽往，仅什二三得返，犹几幸少利。今虽山居谷汲，闻风争至；农亩之夫，辍耒不耕，赍贷子母钱往市者，握筹而算，可坐至富也。于是中国有倭银，人摇倭奴之扇，市习倭奴之语，甚豪者佩倭奴之刀”。② “至于私通日本，舟容万斛，所受皆富商大贾，所载皆绫缎茧丝，积日旷时，乃能集事”。③ 根据记载，因当时闽商多走日本，有时被台风刮到朝鲜，朝鲜便将这些漂流民送返中国。朝鲜方面记载：“（嘉靖）二十五年二月，朝鲜署国事李峘，遣使南洗健、朴菁等，解送通番人颜容等六百一十三人，皆漳泉人也。二十六年三月，朝鲜国王李峘遣人解送福建下海通番奸民三百四十一人，咨称福建人民故无泛海至本国者，顷自李王乞等始以往日本市易，为风所漂，今又获冯淑等，前后共千人以上，皆挟带军器货物。前此倭奴未有火炮，今颇有之。盖此辈阑出之。故恐起兵端，贻患本国。”④ 按照当时明朝的法律规定，犯禁到日本贸易是要杀头的，故在嘉靖三十三年六月，

---

① ［明］胡宗宪撰：《筹海图编》卷四《福建事宜》。

② ［明］洪朝选：《洪芳洲先生文集》卷四《瓶台潭侯平寇碑》。

③ ［明］朱淛：《天马山房遗稿》卷四《海寇志》，福建师范大学图书馆藏明刊本传抄本，第 24 页。

④ 无名氏：《嘉靖倭乱备抄》，四库全书存目丛书第 49 册，第 552 页。

就有到日本贸易的漳州人苏毛等30余人被福建官兵捕获后遭诛杀。[①] 由此可见，当时到日本从事走私贸易的漳泉商人数量是很多的。

从嘉靖二十八年（1549）起，贻害中国东南沿海的倭乱开始影响到繁华一时的月港及其周边的地方，从此老百姓们陷入了灾难之中。以下内容是《海澄县志》中关于月港以及附近地方嘉靖倭乱的记载：

> 二十八年，倭寇犯月港，檄壮士陈孔志往援，当贼冲死之，倭亦随遁。三十六年夏六月廿五日，海寇许老、谢老犯月港，义士张季夏奋拒死之，贼焚千余家，掳千余人而去。冬十二月，倭寇泊浯屿，寻出潮州。三十七年夏五月，倭寇由沧泉庵至月港，焚九都庐落殆尽，夺舟出海。冬十月，海寇谢老、洪老诱倭二千余人再泊浯屿。三十八年春正月，倭寇由岛尾渡浮宫抵月港，夺民舟，散劫八九都、珠浦、冠山等处，复还浯屿。三月，倭寇数千由东厝岭劫月港八九都，转寇石码、福河、丹洲、水头。三十九年春正月，倭寇由同安屯三都。二月，倭寇流劫丰田至佛潭桥。三月，倭寇焚劫长泰、高安，还屯月港两月，散掠。[②]

从这些史料可以看到，漳州与泉州之交的浯屿岛是当时海寇商人的一个重要贸易据点，而谢策、许朝光、严山老、洪迪珍、张维、吴平、曾一本等人则分别是当时赫赫有名的海寇商人，他们均是漳泉一带人氏。

谢老，即谢策，又名谢和，与“王清溪皆漳州人，悉节年贩

① 《明世宗实录》卷四百一十一。

② 《（乾隆）海澄县志》卷十八《寇乱》。

海通番为奸利者”。[①] 他以浯屿为巢穴，联合其他海寇商人集团，在福建广东海上从事亦商亦寇的活动。嘉靖三十六年，谢老与许朝光“犯月港，义士张季夏奋拒死之，贼焚千余家，掳千余人而去”。第二年，又与洪迪珍“二千余人再泊浯屿”，次年正月再犯月港等地。嘉靖三十九年七月突入诏安梅岭走马溪，“势极猖獗，把总徐廉沉其数艘。贼大败遁去，官兵乘胜追至广东南澳外洋而回”。

严山老，“亦月港积年通番巨寇也”。嘉靖三十七年，犯福州、福宁等地，又转攻安平港、闽安镇等，均为官兵击败，后攻陷福清县城，又攻兴化、惠安、泉州等城。次年为官兵所败，“山老就擒，贼舟沉者七八十艘，贼死者数千人”。

洪迪珍，又名洪泽珍，俗称洪老，福建漳州人。“洪迪珍初止通贩，嘉靖三十四、三十五年载日本富夷泊南澳得利，自是岁率一至，致富巨万”。他曾与王直一起通番贸易，“后直败，其部下残倭，乃依迪珍，往来南澳、浯屿间”，[②] 以浯屿为基地，进行走私和海盗活动。此后“漳泉福兴之祸连绵不已，皆泽珍为之也”。嘉靖四十二年，洪迪珍就抚于福建巡海道副使邵梗，“诏即其地诛之”。

嘉靖四十年，月港发生了张维等24人通番并公开对抗明廷的重大事件。张维，龙溪九都人。嘉靖三十三年串通24人造舟下海通番，官府莫能禁。史载：“四十年春正月，月港二十四将张维等反，巡海道邵梗遣同知邓士元、县丞金璧等往抚之。先是丁巳间，九都张维等二十四人造舟接倭舶，官莫能禁。戊午冬，巡海道邵梗发兵剿捕，维等拒敌，官军败，由是益横，各据土堡为巢……旬月之间，附近效尤，连结营垒。”[③] 关于张维等二十四将在当地

① 《明世宗实录》卷四百五十三。
② 《嘉靖东南平倭通录》，第51页。
③ 《（乾隆）海澄县志》卷十八《寇乱》。

活动的情况，龙溪《高氏族谱（卿山）》中有这样的描述："昔嘉靖之季，土寇有巨魁二十四勾连倭贼遍肆剽残，一二遗老为予言：尔时庐宇荡拆，徒有四壁，绝无人声。"[①] 另外，我们从其活动的范围可知，他们基本上都是生活于九龙江下游及其支流边上的居民，如月港、海沧、石美、乌礁等地，而且他们的相关活动亦是沿着江河支流的路线而前进或者撤退。在长达二三十年的倭乱中，月港附近港滨许氏族人的聚居地没能幸免。根据其族谱的记载，嘉靖倭乱之际，海寇进入港滨，世谟公倡议招募丁壮修筑峨山废寨以供族人居住，同时组织人昼夜巡视，以确保族人安全。[②]

嘉靖末年，包括张维等在内的寇贼继续为害地方，例如，四十一年（1562）春正月，"饶贼寇郡城，巡海道邵梗调月港兵与战，败贼屯东山，流劫至北溪，檄漳州卫镇抚林以静御于沙州，力战死之。四十二年春三月，倭贼猝犯长屿堡，不能害。四十三年，张维等复叛，巡海道周贤宣檄同知邓士元擒解斩之。是年，倭寇自莆田取道三都。"[③]

此外，还有吴平、曾一本等通海巨寇。吴平，福建诏安四都人。"曾为人奴，其主善遇之，主母尝苦平，遂逃去为盗"。初不过数十人，"寻入倭中为别哨，遂肆掠劫，及倭灭，而吴平统有其众"；"设三城海上，纵横南澳、浯澳间"。嘉靖四十三年，攻略闽广沿海各地，拥有大小商船200余艘，徒众近万人。吴平海盗集团的壮大，引起明廷的惊恐，通令福建、广东两省会剿。在明军的追击下，吴平遁去海外。曾一本，福建诏安人，本为吴平部下。

① 《修谱纪略》，载《高氏族谱（卿山）》，南明永历九年（1655）修，续至嘉庆。

② 《封君行实·世谟公》，载《高阳圭海许氏世谱》卷二，清雍正七年（1729）编修。

③ ［清］顾炎武撰：《天下郡国利病书·福建篇》，四部丛刊三编25史部，上海书店1985年版，第8页。

吴平败走之后，曾一本收吴平旧部，在海上继续从事走私贸易和海盗活动。隆庆元年（1567），曾一本聚众数万，攻掠闽广。翌年，直犯广州。隆庆三年，明军大举进剿，曾一本企图突围北上，或到澎湖、小琉球建立新的据点，或去日本经商，均未成功。后被擒，病死。

二、明末清初海寇海商群雄并起

17世纪初，世界贸易形势发生了巨大变化，东来的欧洲殖民者为贩运中国的生丝和丝织品，在东亚海域展开了激烈的商业竞争。葡萄牙殖民者在中国澳门立足后，则经营着从印度经澳门至日本的三角贸易，把在广州购买的生丝和丝织品贩运到日本以赢利；西班牙殖民者占据菲律宾后，开辟了从马尼拉至墨西哥阿卡普尔科的大帆船贸易航线，把墨西哥银圆转运来换取中国商人载运到马尼拉的生丝和丝织品；荷兰东印度公司在印尼巴达维亚设立司令部后，又占据了中国的台湾南部，并以此为基地，把中国商人载运到那里的生丝和丝织品贩运到日本，以换取白银。因此，东南亚的香料、印度的纺织品，随同欧洲的商品一起被运到中国，中国的生丝和丝织品被载运到马尼拉，然后经那里转运到拉美、欧洲等地。而中国的丝织品和瓷器又被出口到果亚，从果亚再分配到印度、非洲和欧洲各地。当时这些欧、亚商品同时经历过横越大西洋和太平洋的漫长航程，全球贸易态势在东亚海域已基本形成。[①] 明朝末期，东南海洋形势处于剧烈的变化中——中国的海寇商人与西班牙人、葡萄牙人、荷兰人、日本人在海上展开激

① 李金明：《17世纪初全球贸易在东亚海域的形成与发展》，《史学集刊》2007年第6期。

烈的角逐。

崇祯九年（1636），日本德川幕府颁布了禁止出海令之后，日本商人退出了东亚市场的竞争。尽管终明之世，日本一直是明廷的禁通之国，但是在高额利润的驱使之下，还是出现了一批无视海禁王法，专门从事与日本贸易的走私海商，如李旦、颜思齐、郑芝龙、李魁奇、钟斌、杨六、杨七、刘香等集团。

李旦，福建泉州人，早年先到菲律宾经商，后来移居日本平户。他的商船往来台湾、厦门与澳门等地，远航到达柬埔寨、交趾支那，从事贸易。他经商致富，被日本长崎华人尊为领袖。郑芝龙到日本之后就是投身其门下。当时，“自闽寇杨六老等，聚众数千，船至百数十艘，往来闽粤之间，沿海羽书络绎，人情汹汹”。

另外，荷兰人于万历中后期进入南海，试图与明廷建立通商贸易关系，这些因素的存在使明末的海洋形势增加了新的变数。晚明的东亚市场上，主要是福建人、西班牙人、葡萄牙人三股力量，但这种三足鼎立的商业形势被后到的荷兰殖民者打破。[①] 荷兰人于16世纪末来到东方，其后，他们在爪哇岛建立了巴达维亚城。荷兰人不仅“想切断葡萄牙人自澳门、马六甲及西班牙人自马尼拉与中国所进行的有利的贸易”，甚至公然提出“非经荷兰人允许，中国航船不能随意到各地贸易”。明末最先引来荷兰人的是漳州海澄人李锦。“李锦者，久驻大泥，与和兰相习。而猾商潘秀、郭震亦在大泥，与和兰贸易往还。忽一日与酋麻韦郎（应为韦麻郎）谈中华事。锦曰：‘若欲肥而橐，无以易漳者。漳故有澎湖屿在海外，可营而守也。’酋曰：‘倘守臣不允，奈何？’锦曰：‘寀珰在闽，负金钱癖，若第善事之，珰特疏以闻，无不得请者。

① 徐晓望：《论17世纪荷兰殖民者与福建商人关于台湾海峡控制权的争夺》，《福建论坛（人文社会科学版）》2003年第2期。

守臣敢抗明诏哉！’酋曰：‘善’。”[①] 这位将荷兰人引到福建的李锦，他久居马来半岛的贸易重地北大年，并曾在荷兰居住，接受过荷兰新教的洗礼而成为教徒，荷兰商人把他“当作是荷兰人而不是北大年人”。

尽管如此，荷兰人发展东方贸易的努力仍屡屡受挫。为了改变这一状况，巴达维亚的荷兰评事会作出了一项决定，“应派船前往中国沿海，调查我们是否可夺取敌人与中国的贸易（对此我们盼望已久）。为此，我们暂时组成一支 12 艘船的舰队，配备 1000 名荷兰人和 150 名奴仆”。当时，台湾海峡是晚明东亚国际贸易线路必经的关键区域，所以荷兰人把目光盯向了这一区域。1619 年 7 月，荷兰和英国订立了军事同盟，约定各派兵舰 5 艘，在台湾海峡和菲律宾近海区域截捕葡萄牙、西班牙两国的船只，并阻止中国商船前往马尼拉进行贸易。荷兰人两次进攻澎湖，但都被明廷军队所打退。最后，由在中国台湾和日本活动的福建商人李旦出面周旋，达成协议：荷兰人退出澎湖群岛，福建官府默认荷兰人占用台湾。从 1625 年开始，荷兰人与中国海商李旦、许心素等建立了贸易关系。根据史料记载：“游棍李旦，乃通夷许心素之流也。夙通日本，近结红夷，兹以讨私债而来，且祭祖为名目，突入厦门，岂有好意，不过乘官禁贩，密置丝绸，装载发卖诸夷，并为番夷打听消息者。”[②]

许心素，漳州籍海商，他依靠行贿福建总兵俞咨皋等实权官员，获得了在当局默许下从事与台湾地区、日本之间海上贸易的

---

① ［明］张燮著，谢方点校：《东西洋考》卷六《外纪考·红毛番》，中华书局 1981 年版，第 127—128 页。

② ［明］沈鈇：《上南抚台移檄暹罗宣谕红夷书》，民国《诏安县志》卷十六《艺文》。

特权，并受封水师把总，拥有了“官商”的身份。许心素一度主导了台湾海峡的贸易，而官方则从中分享利润。[①]

隆庆（1567—1572）年间，明廷实行有限制地部分开放海禁政策，日本被列为禁通之国。16世纪末，丰臣秀吉统一日本后，日本城市手工业和商业都有了很大的发展。之后的德川家康为了充实幕府的经济和军事力量，注意发展海外贸易，与荷兰、英国、西班牙和东南亚各国都有贸易往来。德川家康执政期间，曾经希望与明廷恢复勘合贸易关系，1610年命本多正纯和长谷川藤广分别作书，托周性如带给福建总督陈子贞。本多正纯的信说：“家康素有与明朝和平通好之意，请于明年福建商船开来长崎时，秉承明帝的旨意，送来勘合，果能如此，则在秋季信风起后，必派使船一艘赴明。”长谷川藤广的信也说：“如明朝发给勘合，自己当亲任专使前往明朝重修两国旧好，年年往返船只，互相交易。”[②]然而，德川家康的愿望并未实现。不过，德川幕府仍鼓励明朝商人前往长崎等地经商，1610年广东和福建的商船都曾得到日本方面发给的朱印状：“广东府商船来到日本，虽任何郡县岛屿，商主均可随意交易。如奸谋之徒，枉行不义，可据商主控诉，立处斩刑，日本人其各周知勿违”。[③] 因此，尽管明廷把日本列为禁通之国，贩海贸易所带来的巨大利润仍驱使着闽人特别是漳泉商人潜往日本。对于中日贸易问题，何乔远曾经提到：“日本国法所禁，无人敢通，然悉奸阑出物，私往交趾诸处，日本转手贩鬻，实则

① 陈思：《明末台海官、商、盗三角关系与台海贸易》，《厦门大学学报（哲学社会科学版）》2014年第4期。

② ［日］木宫泰彦著，胡锡年译：《日中文化交流史》，商务印书馆1980年版，第625页。

③ ［日］木宫泰彦著，胡锡年译：《日中文化交流史》，商务印书馆1980年版，第624—625页。

与中国贸易矣。而其国有银名长铸，别无他物。我人得其长铸银以归，将至中国，则凿沉其舟，负银而趋，而我给引被其混冒，我则不能周知。要之，总有利存焉。而比者，日本之人亦杂住台湾之中，以私贸易，我亦不能禁。此东洋之大略也。”① 由此观之，何乔远认为中日两国之间的贸易一直存在，尽管按照明廷规定，日本属于禁通之国，但是通过交趾、台湾等地的转手贸易，中日贸易还是间接地进行着。当时的同安名士洪朝选这样描述：“漳人假以贩易西洋为名，而贪图回易于东之厚利近便，给引西洋者不之西而之东，及其回也，有倭银之不可带回者，则往澎湖以煎销，或遂沉其船，而用小船以回家。”②

1611年8月，根据长崎奉行长谷川藤广到江户报告，这年开到长崎的外国船只共有80余艘，其中有不少是明朝商船；1612年7月25日，明朝商船和从吕宋返航的日本商船共26艘，同时开进长崎港；1613年6月5日，有漳州商船6艘开到长崎，26日又有2艘船载糖开到长崎；1615年6月3日，又有漳州商船载运大量砂糖开到纪伊的浦津。③ 1639年，日本实施“锁国政策”，禁止外商到日本贸易，仅准许中国人和荷兰人到长崎一港从事贸易，因此这年到日本贸易的明朝商船急剧增多，在3月24日和9月17日之间，有93艘明朝商船载运货物到达长崎市场；1641年则达到97艘的空前数目。④ 根据日本学者岩成生一的估计，1610—

① ［明］何乔远：《开洋海议》，载傅衣凌：《休休室治史文稿补编》，中华书局2008年版，第370页。

② ［明］洪朝选：《洪芳洲先生文集·读礼稿》卷三《杂著》。

③ ［日］木宫泰彦著，胡锡年译：《日中文化交流史》，商务印书馆1980年版，第626—627页。

④ ［日］大庭修著，徐世虹译：《江户时代日中秘话》，中华书局1997年版，第18页。

1633 年每年到日华船数目为 30～60 艘，1641 年则达到 97 艘。每年由这些商船载运到日本的货物数量比较大，如 1641 年运入日本的中国货物有：生丝 127175 斤，丝织品 234981 匹，棉麻织品 138543 匹，砂糖 5750500 斤，矿物 63480 斤，皮革 52950 张，苏木 98700 斤，药物 79960 斤。[①]

明代后期，福建“同安、海澄、龙溪、漳浦、诏安等处奸徒，每年于四五月间告给文引，驾驶乌船，称往福宁卸载北港捕鱼，及贩鸡笼、淡水者，往往私装铅硝等货，潜去倭国”。日本政府也大力欢迎华商前往日本贸易。天启五年（1625），福建巡抚南居益说：“闻闽粤三吴之人，住于倭岛者不知几千家，与倭婚媾长子孙，名曰唐市。此数千百家之宗族姻识潜与之通者，实繁有徒。其往来之船，名曰唐船，大都载汉物以市于倭，而结连萑苻，出没泽中，官兵不得过问焉。”

著名海商颜思齐就是当时旅日的漳州华侨，另外漳州人蔡二官、高寿觉等有的侨居日本 30 多年。颜思齐，福建海澄人，因与豪族发生冲突而逃往日本。先以裁缝为生，居有年，后在日本平户、长崎一带经商致富，积蓄颇裕，渐有名望，遂于 1624 年 6 月 15 日与当时旅居日本的福建船主杨天生（晋江人）、洪升（莆田）、张宏（南安）、林福（同安）、李俊臣（南靖）、陈衷纪（海澄），以及在日本的陈绩、许妈、林翼、天平、张辉、黄昭、李英、陈德等 28 人，在长崎大结灯采，祷告天地，立“生不同日，死必同时”之誓，结为契友。众拜颜思齐为盟主，颜思齐遂成头目，称为日本甲螺。这些人成为以后郑芝龙海商集团的基础。[②]

明末，台湾海峡的海商、海盗活动逐渐兴起，两者不仅能够

① ［日］山胁悌二郎：《长崎的唐人贸易》，吉川弘文馆 1945 年版，第 30 页。

② 林金枝：《福建华侨旅居日本史略》，《南洋问题研究》1984 年第 4 期。

相互转化，而且可以合二为一。当时的民间海上势力已经无法简单地用海盗或海商进行区分。海盗与海商之间，还有着相互合作、相互妥协的一面。对海盗来说，抢劫船只固然是最为直接便捷的敛财手段，但如果一味强取豪夺，海商势必无法在其控制的海域内生存，最终会伤及海盗自身的利益。当海盗们初步摆脱了生存压力的困扰，有了更高的物质财富追求之后，就必须开始寻找一种更加长远的生财之道。与其“杀鸡取卵”，不如“养鸡生蛋”，他们改用在其所控制的海域内，向过往海商、渔民等征收船货税、通行税的方式，以获取持续性的收益，这种方式被称为“报水”。[①] 例如，崇祯二三年间，李魁奇盘踞厦门，厦门的许多海商不敢前往台湾大员进行贸易，因为“没有他的许可而带来卖给我们，会受到严厉处罚，如果去申请许可，必须付他很多税，多到无利可图”[②]。

总而言之，明朝末年，闽浙沿海出现了多股海寇商人集团，如李魁奇、钟斌、刘香等。郑芝龙在群雄并起的年代里，接受明廷的招抚，并借助官府力量，将这些势力一一铲除，实现了对中国东南海洋的控制，垄断了中国的海外贸易。于是，“海舶不得郑氏令旗者，不能往来。每一舶税三千金，岁入千万计。龙以此居奇为大贾”。又“凡贼遁入海者，檄付龙取之如寄；故八闽以郑氏为长城”。[③] 之后，郑成功继承和发展了其父的海外贸易事业，在厦门和杭州等地建立了严密的商业机构——五大商，由户官统领，统一组织对外贸易。郑氏商船到长崎出售货物后所得现银，除购

① 陈思：《明末台海官、商、盗三角关系与台海贸易》，《厦门大学学报（哲学社会科学版）》2014 年第 4 期。

② 江树生译注：《热兰遮城日志》第 1 册，台南市政府 1999 年版，第 11 页。

③ ［明］林时对：《荷牐丛谈》，台湾文献史料丛刊第 8 辑，台湾大通书局 1987 年版，第 156 页。

买必要的军用物资和商品外，多有寄存当地。郑氏经营的“官商”，占中日贸易额的百分之八十，其他百分之二十为“散商”所经营。郑氏通过颁发“牌饷”加以控制。《台湾省通志》记载：“当时在长崎之中国贸易船，须向郑氏缴纳一定饷银，然后发给船牌。倘不能取得船牌，则无法输出中国货物。”此外，从 1623 年郑芝龙入平户至 1683 年郑克塽归清，其间除了郑氏家族的商船之外，还有一批依附于郑氏但不属于郑氏私产的非郑商船参与对日贸易。其数目相当大，而且在财政上成为郑氏集团的存在及抗清斗争的重要支柱。[①] 17 世纪初期，荷兰人到达台湾海峡，以大员为据点，采用招诱与拦劫等策略，意图在中国海外贸易网络中占据中心地位，却遭到郑芝龙海商集团和明廷的抗争。台湾海峡贸易的主导权仍然掌握在郑芝龙等中国海商手中，主要表现在 3 个方面：第一，中国海商掌控着贸易出口商品的种类和数量；第二，中国海商主导贸易商品定价；第三，中国海商是海上贸易市场规则的制定者。[②]

① 任鸿章：《明末清初郑氏集团与日本的贸易》，《日本研究》1988 年第 4 期。

② 张彩霞，林仁川：《中国海商：17 世纪台海贸易的主导者》，《中国社会经济史研究》2010 年第 4 期。

第五章

南洋风物入眼来

——东南亚与闽南的文化融合

第一节　漳州人下南洋及著名华侨人物

一、漳州人下南洋

因面临大海，唐代东南诸地海上交通发达，“闽中者，左溟海，右百越，岭外峭峻，风俗剽悍”。唐长安三年（703），“天下诸津，舟航所聚，旁通巴、汉，前指闽、越，七泽十薮，三江五湖，控引河洛，兼包淮海。弘舸巨舰，千轴万艘，交贸往还，昧旦永日”。独特的地理环境，使得闽人生产生活习惯如唐中叶的刘禹锡所说：“闽有负海之饶，其民悍而俗鬼，居洞寨、家桴筏者。”[①] 此

① ［唐］刘禹锡撰，《刘禹锡集》整理组点校：《刘禹锡集》，中华书局 1990 年版，第 34 页。

表明唐代闽地海洋资源丰富，民众以船为家，以海为生，海洋造船有相当发展。此外，地临海洋，洋商也有前来经商，漳州《图经》即有云："唐嗣圣（684）间，贾胡经此。"①

漳州诏安"土瘠民劳，俗厌浮丽，商船浮海酿利，著姓耻于服贾"，"吕宋居南海中，去漳州甚近……先是闽人以其地近且饶富，商贩者至数万人，往往久居不返"。②《槟榔屿志略》："王和荣，名宦也；李道熙、邱忠波，货殖也；李灼、魏望曾，艺术也"，"海澄人李道熙，客居槟榔屿久，以货殖起家，积产十数万金，捐创海澄五贯学社，所居门榜曰'李氏家塾'。"③

宋元时期，漳州往南洋的路线，主要是从漳州港口出发，历经海南岛、交趾国、占城国、真腊国、蒲甘国、罗斛国。如航线上的交趾国"东南薄海，接占城。西通白衣蛮。北抵钦州"，"舟行十余程，抵占城国"。占城国"东海路通广州，西接云南，南至真腊，北抵交趾，通邕州。自泉州至本国顺风舟行二十余程"，从此国南行"五七日程至真腊国"。真腊国，"自泉州舟行顺风月余日可到……唐武德中始通中国。国朝宣和二年，遣使入贡。其国南接三佛齐属国之加罗希"。④

许孚远《疏通海禁疏》："臣又访得是中同安、海澄、龙溪、漳浦、诏安等处奸徒，每年于四五月间告给文引，驾驶乌船，称往福宁卸载北港捕鱼，及贩鸡笼、淡水者，往往私装铅硝等货，

① ［明］何乔远编撰：《闽书》卷二十八《方域志》，福建人民出版社 1995 年版，第 685 页。

② 《明史》卷三百二十三《外国传四·吕宋传》。

③ ［清］力钧：《槟榔屿志略·流寓志·传略》，载陈可翼主编：《清代御医力钧文集》，国家图书馆出版社 2016 年版，第 176 页。

④ ［宋］赵汝适原著，杨博文校释：《诸蕃志校释》卷上《志国》，中华书局 1996 年版，第 1—19 页。

潜去倭国。徂秋及冬，或来春方回。亦有借言潮、惠、广、高等处籴买粮食，径从大洋入倭。无贩番之名，有通倭之实”。

南京刑部福建司主事桂萼在其《福建图叙》中说道：“而海物互市，妖孽荐兴，则漳浦、龙溪之民居多。”①

自1571年漳州与马尼拉之间的帆船贸易开始后的30年里，大约有630艘帆船从月港出航到马尼拉，每艘船载运的人数约300人。也就是说，在这30年里，大约有20万人次随贸易帆船到达吕宋。这些人中的绝大多数在下一次季风期即返航中国，但也有不少人留了下来。《天下郡国利病书》记述：“是时漳、泉民贩吕宋者，或折阅破产。及犯压冬禁，不得归，流寓夷土，筑庐舍，操庸贾杂作为生活。或娶妇长子孙者有之，人口以数万计。”②

明末清初，从中国来到吕宋进行贸易的“Sangley”人多来自漳州府，人数多、影响大，故而在一本明崇祯十三年（1640）所编的《汉西字汇》中，在“漳”这个字头下有如下（见图）的卡斯蒂利亚语（即西班牙语的核心方言）释文，日本琉球大学石崎博正教授将此句翻译为：“叫漳州的城市，是马尼拉的Sangley们的地方。”③

18世纪到槟城的漳州人不少，如海澄县石氏、谢氏族人往南洋谋生最多的地方是槟城，“有110人葬在槟城”④；槟城早期的五大姓氏——谢、邱、杨、林和陈的族人均来自漳州府的海澄县。

---

① ［明］桂萼：《福建图叙》，载陈子龙等选辑：《明经世文编》，中华书局1962年版，第1865页。

② ［清］顾炎武撰，黄坤等校点：《天下郡国利病书》，上海古籍出版社2012年版，第3094页。

③ 周振鹤：《晚明时期中国漳泉地区对吕宋的移民》，《南国学术》2016年第3期。

④ 傅衣凌：《厦门海沧石塘〈谢氏家乘〉有关华侨史料》，《华侨问题资料》1981年第1期。

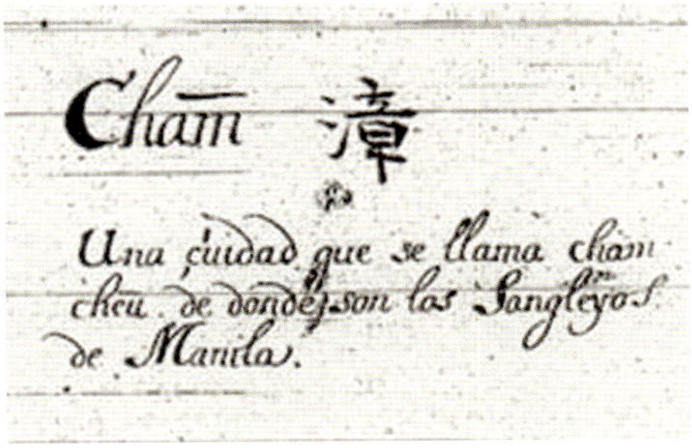

《汉西字汇》的“漳”字

清代海澄三都约有 108 个村社，其中新江（即新垵）、石塘、霞阳和鳌冠 4 个村社是槟城福建人主要的来源地。槟城的乔治市和南郊的部分地方，是槟城的“小三都”。海澄来到槟城的四姓族人，与闽南的陈氏，形成了该地著名的“五大姓”，分属五大姓公司，即谢（世德堂）、邱（龙山堂）、杨（植德堂）、林（九牧堂）、陈（颍川堂），都是槟城福建人的大姓。其中邱氏在 19 世纪末已有近千人在槟城。人口众多的海澄五大姓在清代中期之后，主导了槟城的闽帮社会经济，闽南话是主流语言。

雍正五年（1727），闽浙总督高其倬奏道：“查从前商船出洋之时，每船所报人数连舵、水、客商总计多者不过七八十人，少者六七十人，其实每船皆私载二三百人。到彼之后，照外多出之人俱存留不归。更有一种嗜利船户，略载些须货物，竟将游手之人偷载至四五百之多。每人索银八两或十余两，载往彼地，即行留住。此等人大约闽省居十之六七，粤省与江浙等省居十之三四。”① 这些出洋的福建人中大都是来自闽南地区。

乾隆时期漳州龙溪县二十九都白石堡（即今角美的白石村）前往南洋的人不少，如该村莆山林氏家族族谱载，从嘉靖

① ［清］清世宗胤禛批，允禄、鄂尔泰等编：《朱批谕旨》第 46 册，上海点石斋本 1887 年版，第 27 页。

(1522—1566)年间到乾隆三十九年(1774),“十二世林和待,紫津子,讳敦笃,生康熙十年(1671),卒乾隆七年,娶魏氏,又娶海外蒋氏。公葬(本乡)望军山。子三”;其村的海外移民主要分布在咬留吧、三宝垄、马辰、井里汶、亚老翰、淡目、安汶、望加锡、北加浪、吕宋、猫面、伊晃、鹿赖、柬埔寨、暹罗、六昆、安南;其中明代以来到清代1774年前,死后葬在国外的有202人,其移民国外的地点,主要为咬留巴(即巴达维亚)。

漳州人下南洋,多是以宗族为主相互关照和扶助。如在1873年荷属印尼吧城公堂档案中,有涉及处理漳州人陈光颜遗产案件,其涉及多人都是同一乡里来吧城的。陈光颜之子陈金标,时年21岁:“晚常闻母言,家父陈光颜旋吧时,晚尚在怀胎,父到吧未几遂亡。今晚已长成,在唐经受室,故来吧欲领先父之遗业。”公堂在吊讯相关人员中,陈豹时年52岁,住牛郎沙里,自称:“晚敝社吴庄,与陈光颜同社。自和1849年来吧,任理陈光颜之父陈森之茄实事,但彼时光颜已回唐。及后陈森身故,挂些人寄息通知,并使光颜来吧。至和1852年搭陈天列之船到吧,晚方与相识。他住西湾与陈光觉同居,后染病数月不幸身故。及和1860年,晚回唐时,陈光颜之妻白氏携其二子金榜、金标来晚家中,探问在吧伊夫光颜之遗业,由是与晚往来。伊堂叔陈这、陈柳、陈音等,俱指明金榜、金标系光颜亲生之二子,晚因是深知其详。”及吊讯陈严时亦说:“晚敝社吴庄,与陈光颜邻居……晚自和1860年来吧,彼时金榜才八九岁,金标七八岁。至和1871年,晚回唐犹认二子面貌,与幼时无差,并皆有妇。”公堂会议判定“陈金榜、陈金标果系陈光颜之子”。[①] 从此案中可知,清代漳州人前往南洋谋

① 包乐史、聂德宁、吴凤斌校注:《公案簿》第十二辑下,厦门大学出版社2013年版,第557—559页。

生，多是追随同族、同乡结伴而去。

南洋开发和宗族的资助也是漳州人前往谋生的主要原因。20世纪的前30年是中国人大批移民到东南亚各地的重要时期。新加坡是东南亚贸易航线的枢纽，是国内移民南洋的目的地之一。每年从中国抵新加坡之移民或搭客在15万至20万人。漳州华侨林秉祥于1904年在新加坡创办和丰公司，属下有和丰轮船有限公司，拥有远洋巨轮多艘，航行北婆、印尼、菲律宾、马来亚以及中国汕头、厦门与香港等各大口岸，可以说是东南亚航运业之巨头之一。包括漳州在内的闽南人大量涌到东南亚，和丰轮船公司具有主要作用。民国时期，“福龙茂”（福建龙溪浒茂的简称）估俚间，成为浒茂人民的“口禅语”。当时，凡是龙溪浒茂洲的乡亲，要出洋到石叻埠（新加坡）的，只要在厦门登上丰字号轮船，就可一概免费。他们到了石叻埠，即住上“福龙茂”估俚间，住宿伙食，亦一概免费，直至找到工作为止。“福龙茂”对乡亲出洋谋生帮助甚大，至今周边乡邻的受益之民众多念此情。

民国时期，闽南社会动乱，不少漳州人前往南洋谋生，其中荷属印尼最受青睐。漳州移民落脚最多的地方是爪哇岛的雅加达、三宝垄、泗水、万隆，苏门答腊岛的巨港、巴东和棉兰等地，以及西里伯斯岛的望加锡等地。1924年泗水漳属同乡会成立，有会员1000多人。例如芗城区西洋坪吴氏族谱追远堂记载，该族十九世旺水，子其家、其标等，女雅霜、玉霜，在印尼泗水；二十世其忠与妻陈玉汉及四男，住在泗水。三宝垄的漳籍华人主要有龙溪陈姓、林姓及海澄县的郭姓、郑姓。浮宫山美村清美社的郑氏家族十七世三房之石埕派原裕旅居三宝垄，十八世文勋及其子辉发、媳王彩娘等居三宝垄。

巨港也是漳人前往南洋的重要落脚和居住地，如角美的东美村南园社，林氏家族族谱记载，长二房之十七世玉田居巨港，十九世源隆、源珍等居巨港，二十世两成与二十一世景国、维国、衡国居巨港，二十一世维钦、培元等居住巨港；长三房的二十世加定、加全，子志森、志松、志柏等，二十一世志交居巨港。紫泥镇安山村康氏多人，如康建基、康松根、康忠信、康忠顺等居住巨港。

马来半岛，因为地处海峡，19 世纪以来英国殖民者积极开拓，招揽民人开发，因而也是漳州人聚集之地。到了民国时期，大批漳属民众来此谋生，如东山的陈城陈氏十七世、十九世和二十一世都有人居住马来亚岐下村。角美紫泥的溪霞连厝族谱记有十九世的城壁、文壁、英壁、东壁以及锦书、锦标、锦忠等人到马来亚定居。诏安甲洲陈氏族谱记载，楼雅尊亲堂二十六世陈石憨、陈文苑等到马来亚；二十七世陈赛木、陈赛荣等迁马来亚。诏安沈氏是当地大姓，其族亲前往马来半岛人数众多，如南斋祖庄前派开基岭后村，二十世金龙、金虎、金狮、金昆等六兄弟居马来亚；庄前派碧峰系二十八世的水生、玉生、玉发等五兄弟居马来亚。平和县林氏族谱载，晋安派宗泰公后裔十五世崎岭乡新南村林水连、十六世林三瑞、林永成民国时期迁马来亚。

同属马来半岛的新加坡，其经济发展迅速，民国时期不少漳州人也辗转来此。如诏安人许木泰于 1929 年来星洲谋生；东山的前何乡迁居新加坡的有何、陈、林、王等姓，民国期间迁徙共有 200 多人；宅山村朱氏志谱载，该姓氏移居新加坡共有百来人。云霄陈埭的陈氏族谱亦有记载云，大山祖派东四落厝四十一世火平、四十三世宝顺及子文市居新加坡。因新加坡发展稳定，不少漳州人从其他殖民地移民到该处，如沙捞越古晋的海澄人李振殿，1912 年到新加坡开设长成栈，重点在该地发展事业；原居荷印殖民地的海澄人陈焕，把百货业务扩展到新加坡，开展旅馆、土产商行、汽车行等生意，并在该地定居。

沙捞越的漳属民众亦不少，诏安南诏东城沈氏族谱记载，东城祖派南峰二房，二十八世刮仔，其子、兄弟全家徙居沙捞越；诏安许氏中有许水成、许景山、许瑞光等50多人前往沙捞越。民国时期，诏安人开始从椰园迁居双溪昔加玛小支流附近，向原地主租地盖屋和猪寮，形成独特的单一诏安人的新昔加玛。另外，诏安人在抗日战争时期来到古晋，在古晋和各城镇担任教员，在殖民时代古晋的诏安籍教习数量众多，久负盛名。

南洋的汇兑民信业和国内原乡关系比较密切，如民国时期，漳州云霄陈棣岱北村龟山房人陈燕奕，1916年到新加坡，1919年开始作为水客来往于新加坡和家乡之间，并贩卖土产和洋货，1923年在新加坡创办和源信局，并在家乡办和安信局。民信事业是沟通南洋和家乡的纽带，陈燕奕的长子作客头，来往于两地，带回批信和番客，并将家乡土特产和新客带到南洋去。信局除经营汇兑业务并代理回国船票业务外，还经营中西药品。

从漳州人在南洋分布来看，印尼的漳州籍华侨主要分布在爪哇岛的吧城、万隆、泗水、三宝垄、日惹，以及苏门答腊岛的棉兰、巨港，苏拉威西岛的望加锡。马来半岛的漳籍华侨主要分布在槟城、马六甲、雪兰莪、巴生、麻坡、笨珍、吉兰丹、新山、文律等，以及沙捞越的古晋、诗巫、拉叻和美里。诗巫一带是漳属海澄人聚居地，古晋等则是诏安人的聚居地方。在菲律宾，漳州华侨主要聚集在马尼拉和郊区。缅甸的漳籍华侨主要分布在仰光等地。在泰国的漳籍华侨分布在曼谷、也拉府、普吉、董里以及北大年等地。

二、南洋漳州籍的主要华侨人物

1. 吴让

清乾隆十五年（1750），吴让自漳州府海澄县山塘乡西兴村渡海至泰国宋卡谋生。1769年，吴让奏请吞武里王朝郑皇，以年交税银25千克的代价承包宋卡湖上端的四岛、五岛的燕窝开采权。因经营有方，郑皇嘉其忠诚，1775年诏封其为昭孟，意即城主。1784年吴让去世后，被追封昭披耶（暹罗最高贵族爵位）。吴氏子孙世代相继，传8世共129年（至1904年止）。宋卡三朗桥中文石碑中有“我众等公同具察国主”“此乃吴国主之功德垂之无穷”。[①] 宋卡城主吴氏发行的“宋城通宝”和“振兴通宝”，带有鲜明的中华文化传统烙印。宋卡有18座泰式庙宇，皆为城主吴让的子孙及亲朋创建。

2. 薛佛记

薛佛记生于马六甲，祖籍漳浦县。1819年新加坡开埠之后，吸引了大批淘金者，包括薛佛记在内的一批福建籍商人纷纷登陆新加坡。马六甲福建商人集团是在1824年开始移入新加坡，至1827年臻于高峰。从现存新加坡地政局契据及恒山亭碑文资料看，薛佛记至迟在1826年就已来到新加坡。他在新加坡购置七大块土地，成为新加坡华籍最大富户。薛佛记在马六甲是经营锡矿业的，他的矿区在宁宜河流域一带。新加坡开埠初期的华人社会是和马六甲分不开的。据载，1827年福建籍人在新加坡约有两千人，约占该年度新加坡华裔人口（6088人）的三分之一。

① 吴翊麟：《宋卡志》，台湾商务印书馆1968年版，第61页。

1828年，薛佛记捐银764.2元兴建恒山亭，占总建筑费14.3%，成为大董事。恒山亭是新加坡华族历史一个重要的里程碑，是开埠初期新加坡华人社会的最高领导机构，代表了福建特别是漳泉商人集团在新加坡的实力。薛佛记是该机构的大董事，因此奠定了他在福建帮的领导地位，成了新加坡福建帮的开山鼻祖。道光二十三年（1843）前后，薛佛记回到马六甲，接替他的妹夫梁美吉荣任青云亭第二任亭主，时年46岁，成为马六甲华人社会的最高首领。

薛佛记次子薛荣樾经营船务生意，他是第一位长年往返新加坡、厦门经商的英属新加坡籍华人，1884年死于厦门。其最小的儿子薛有福留在了中国，参加幼童留美学习，后回国在福州船政学堂学习，毕业后在福建水师服役，最后在中法战争中为国捐躯。

薛佛记四子薛茂元（亦作源）1879年任恒山亭大董事，捐金800元，率众重修恒山亭。1879年亦即茂元辞世之年，推断他继承父志办理恒山亭，应该上推若干年，也就是说自薛佛记返回马六甲后薛茂元就在某种形式上接管了恒山亭。

薛佛记的女婿陈明水之父陈金声于1849年捐款将天福宫的偏殿崇文阁建成新加坡最早的华文学堂。1854年，陈金声作为主要捐款人创办更大规模的华文萃英书院。1887年，陈明水扩建崇文阁与萃英书院。陈明水是青云亭第四任亭主。崇文阁与萃英书院对推动华人传统教育影响很大。

3. 陈笃生

其父陈月中，18世纪从海澄县（今龙海区海澄镇）农村漂洋过海到马来亚的马六甲谋生。陈笃生于1798年出生在马六甲。1819年新加坡开埠后，迁居新加坡，开始了艰辛的创业历程。少年陈笃生起初以贩卖菜蔬水果、鸡鸭为生，从乡间买入，再挑到市场卖出。陈笃生为人讲信用，货真价实，童叟无欺。稍有积蓄，就在十八溪墘开了一间商行，经营土产。1828 年，陈笃生成为在唐人街拥有注册土地的华人。当时中国的丝绸、茶叶，泰国的大米，英国的棉花和工业品都源源不断运到新加坡，再销售到各地。欧洲商人因不懂新加坡当地的语言，只能通过中介商销售商品。陈笃生通晓华文、英文，自然而然成为中介商的最佳人选。英国商人怀特赫与他合伙做起土产生意，输出热带产物，输入建筑材料。历 20 多年经营，陈笃生遂成巨富和家喻户晓的商界领袖。

当时很多华工带着梦想前往新加坡，但很多人找不到工作，贫困交迫，忍饥挨饿，缺医少药，露宿“五脚基”，有的甚至暴死街头。发达后的陈笃生，并没有忘记曾经历的贫困，也没有忘记那些身患疾病却无钱医治的穷人，总是尽自己所能救助他们。有不少华工病死街头，陈笃生乃施棺买墓地，让他们入土为安。那时，新加坡各种疾病滋生，疟疾、霍乱、天花、风湿、肺痨，甚至麻风病等，都是致命的疾病。陈笃生意识到，要和这些疾病搏斗，最好的办法就是为平民建一所医院。

1843 年 10 月 15 日，陈笃生亲自用英文上书殖民政府，并决定捐款 6000 元，建一所平民医院。为了实现这个愿望，他四处奔走疾呼，主持召开居民公共大会，向殖民政府提交请愿书。陈笃生要办平民医院的想法，得到了华人社团领袖陈金声、胡亚基等人的支持。1844 年，平民医院在珍珠山奠基。1846 年平民医院落成后，医院成立董事会，陈笃生被推为董事会主席。医院由殖民政府派遣医生和供应药品外，其经费均由陈笃生和社会人士捐助。在陈笃生的感召下，一些华侨也出资帮助平民医院。1839 年，陈笃生等福建籍华侨华人带头集资兴建天福宫，作为福建籍华侨华人祭祀的重要场所。

4. 陈金钟

陈金钟于1829年出生于新加坡，是陈笃生的长子，后人往往把他们父子两人相提并论，成为传世美谈。陈金钟自幼受英文教育，同时也受到传统文化的熏陶。他十多岁便在父亲商号里工作，从实践中学会勤俭节约，掌握经营之道。陈笃生逝世后，陈金钟在母亲李淑娘的帮助下，接过父业，大展宏图，成为第二代佼佼者。

新加坡开埠后，人口激增，粮食供应成为突出的问题。陈金钟看准商机，在西贡（今越南胡志明市）、暹罗（今泰国）曼谷开设碾米厂，就地收购、加工稻米，运回新加坡销售，成为新加坡最大的米商。陈金钟在暹罗经商时，与泰王室私交甚深。泰王四世要为孩子们请英文教师时，便是陈金钟把安娜介绍给泰王的。安娜的故事曾被拍成电影《国王与我》。

新加坡开埠后很快发展成为国际贸易港，但当时没有一家修船厂。1863年，陈金钟独具慧眼，创办丹绒巴葛船坞有限公司，经营船只的制造、修理和停泊业务，推动了造船业和航运业的发展。后来这个船坞公司发展成为新加坡港务局。因此陈金钟被誉为新加坡海港的奠基人。

陈金钟年少时，父亲陈笃生常常带他去赈济穷人。在陈笃生的言传身教下，陈金钟也传承了回报社会的优良品德。1851年，陈金钟继承父志，接办平民医院。为纪念其父襄医济世的功绩，陈金钟提议，并经医院董事会同意，把平民医院改名为陈笃生医院。1852年，医院因病人众多，病房已不敷使用，陈金钟又捐资3000元扩建。1854年，扩建的院舍落成，勒石碑立于医院大门前，碑文为："本医院容纳各国病人，建于1844年，悉由陈笃生捐助。增建之翼屋，以及院务之改进，共费 3000 元，则由陈金钟捐助，彼系创办人陈笃生之长子也。”1857 年，陈笃生医院迁到马里十他律，1909 年又迁到摩棉律新建院舍。

据陈嘉庚《南侨回忆录》说：“新加坡有一所病院，名曰‘陈笃生医院’，系七十年前，华侨陈笃生捐资六千元创办，迨后由政府接收……距今约二十年，政府欲新办一中央医院，有人提议将陈笃生医院改为中央医院，乃将提案交新加坡‘议事会’解决。该会议员二十余人，华侨仅占三人，结果否决，其理由为‘陈笃生虽仅捐六千元，当时若非彼首倡义举，安有此医院？今日政府如欲创办中央医院，应另外设立，不宜埋没创办人名誉’。”① 1880 年，新加坡政府颁布条例，将医院之组织法明令规定，其董事部之成立，应包括辅政司、华民政务司及华侨捐款人之代表 5 名，而其中一名则务须为创办人之男性后裔。此例维持至今，未曾改变。如今，陈笃生医院与新加坡中央医院齐名。

1876 年，陈金钟与陈明水（陈金声之子、薛佛记女婿）共同出资修建保赤宫——陈氏宗祠，并在保赤宫内办保赤学校。1889 年，陈金钟又捐资另建校舍，并改名为“毓兰书院”，专门招收华侨子弟学习华文。这是最早传授华文的学校之一。

陈金钟自其父逝世后，接替父亲成为天福宫领袖。1851 年，他又捐资 17191 元叻币重修天福宫。1860 年在天福宫里成立福建会馆。天福宫不仅是福建华侨寄托精神念想的地方，也成为福建华侨联络乡谊、处理内部事务、解决族群纠纷、共谋发展的重要场所。陈金钟担任福建会馆首任主席，直至去世。陈金钟在天福宫有自己的办公室。当时新加坡福建籍华侨结婚前，都要到福建

① 陈嘉庚：《南侨回忆录》，上海三联书店 2014 年版，第 109 页。

会馆登记，陈金钟亲自为他们办理结婚手续，并盖上本人的印章，方有效力，可见当时陈金钟和福建会馆的地位。如今新加坡福建会馆仍然在发挥“侨桥”作用。

陈金钟作为天福宫、福建会馆、保赤宫的领导人，在办理新加坡早期华侨社会事务、收容新来的闽籍华侨、保护华侨利益、增进社会福利、联络华侨情谊、开展互助互济活动等方面都发挥了非常重要的作用。

陈金钟在新加坡华人中享有很高的威望。1872 年，闽潮侨众发生械斗，陈金钟临危受命，去调解矛盾。他主持公道，有条有理，很快便化解了矛盾，双方和好。陈金钟在暹罗与马来亚边境也有很大的影响力。1873 年，马来亚北部、泰国南部发生边境纠纷，陈金钟再次临危受命去调解，最终使双方达成协议，化干戈为玉帛。为此，海峡殖民地总督还专门写信向他致谢。暹罗王封他为暹罗王国驻新加坡总领事，并晋封“侯爵”。

陈金钟在华人中威望日高，颇受英政府重视，被推举为英国皇家亚洲学会海峡分会的会员。这是当时第一个成为这个学会会员的亚洲人。陈金钟生前还担任了许多重要职务，先后受聘、受封为商业矿业公会代表、陪审员、市政委员、太平局绅，成为陈笃生之后第二位获得太平局绅称号的家族成员。

陈金钟虽身在海外，但是故土情结却深深地藏在他的心中。1877 年，山西遭受灾害，陈金钟捐银 10 多万元赈灾。1884 年，左宗棠筹办福建海防，陈金钟“复捐万金，可谓清代华侨兴办海防最早之举，堪称善事”。1889 年，华北黄河泛滥成灾，造成大批难民。新、马华侨慷慨解囊，拯救灾民。据统计，新、马华侨捐款 2.76 万元，陈金钟一人就捐 4000 元，受到清廷嘉奖。

1892 年 2 月，陈金钟病逝于新加坡，终年 62 岁。陈金钟临终前立下遗嘱，其家产全部委托女儿陈静雅处理。这在当时引发了不小的震动，开创了华人妇女享有此权利的先河。为了纪念陈金钟对新加坡发展做出的贡献，新加坡政府以他的名字命名了一座“金钟山”和一条“金钟街”。

5. 王友海

王友海，祖籍福建同安县积善里白礁社（今漳州市台商投资区角美镇白礁村），1830 年出生于新加坡一个贫寒家庭。他 7 岁时，父亲王坤殿便与世长辞。15 岁时，为了协助家计，王友海出外谋生，开始学做生意。

1846 年，王友海听说英国人统治下的沙捞越有着潜在的商机，就乘船到古晋探路，在船上结识了比他年长的林英茂，两人一见如故。当小帆船航行到厄尔多拉都，他们看到土著人日用品奇缺，而土产销不出去，认为在这里贸易大有作为。两人决定合资做生意。回到新加坡后，他们就筹资采购日常用品、杂货，约定日期一起到古晋打拼。

王友海初到古晋，生活非常艰苦。1846 年，王友海与林英茂合伙组织了“友海·茂公司”。公司成立后，因为当时新加坡还没有这样承销的商行，业务非常兴盛。每次从新加坡售出的货款，他们都用来购入各种各样具有吸引力的商品，再运到沙捞越去销售。在舟车劳顿、一来一往的贸易中，王友海很快就成了商场名人。由于他为人正直、诚实、守信用，新加坡的商家开始让他以赊账方式采办更大量的货物。几年下来，友海·茂公司发展极其顺济。王友海在扩大贸易的同时，在沙捞越各埠开设硕莪粉厂，大盖厂房。1856 年，王友海在新加坡开设启昌友海公司。如此奋斗了 10 年，王友海挤进了巨贾的行列。1872 年，王友海与林英茂拆股，友海·茂公司由王友海独资经营，改名为友海公司。

当时王友海的白礁同乡也出了两个富翁，即王求和与王沧周。王求和是由兴办丹绒巴葛船坞有限公司和新加坡铁路股份有限公司而起家的。王沧周则从发展船务、经营小吕宋土产而发财。王友海与他们都有相似之处，都是少年孤苦无依，未接受最基础的教育。三人因念及族人南来，也会有流离颠沛之苦，本着“人饥己饥，人溺己溺”的慈怀，于1872年各捐资500大洋，购置新加坡武吉智马路四英里谦福律的“勃老恩山”山地221英亩，俗称“姓王山”，无偿献给福建王氏族人作为居住、种植、丧葬之用。王友海为姓王山首任炉主。王友海、王求和与王沧周献地不为名、不为利，乃至于人们只知道“姓王山”而不知山主为何人。

王友海的雄厚财力，连当时沙捞越的统治者也为之侧目。第二任拉者查尔斯·布洛克于1875年动用政府资金，准备与英资慕娘公司筹组沙捞越新加坡轮船有限公司时，就力邀王友海参股，并出任董事。这家轮船公司购置轮船定期航行于古晋与新加坡之间。19世纪80年代前后10年是王友海的事业巅峰期，其间他不但执当地土产的牛耳，还标得了鸦片、酒和赌博的饷码，独家垄断了这三大特种行业在沙捞越和沙巴州的经营权。友海公司也因此超越了潮州帮的义顺公司，跃升为沙捞越最大的华资商行。

1885年，王友海独资在古晋市中心兴建一条新街道和沿街两侧40栋店屋，他拥有所有店铺的产权。这条街被命名为“友海街”。

王友海从划小舢板沿河叫卖和收购土产起家，事业如滚雪球般迅速膨胀。他的成功让新加坡以及福建闽南同乡们羡慕，纷纷相继南来讨生活。王友海充任了居中牵引、积极协助安排新客的角色。

在商界崛起的同时，王友海也在漳泉人的社群中脱颖而出，成了福建帮的领袖。他极力稳固闽南商圈的内部团结，排解乡亲之间的纠纷或者与其他方言群体间的纷争。他还出任闽南帮华商所管理的凤山寺广泽尊王庙的理事长一职，除了整顿庙务，按时主持各种神明圣诞的祭祀仪式外，还在庙里办私塾，聘请老师教“四书”“五经”，让同乡弟子有个求知识字的场所。从出任凤山寺理事长到统领福建帮，王友海很快就成为华社举足轻重的领袖，再加上与拉者王室的关系密切，首任拉者詹姆士和次任拉者查尔斯·布洛克都极其看中他在华人中的人脉，也想倚重他的影响力来统领华人，所以也乐于在各方面给予配合，更顺理成章地封他为“华人总甲必丹”。

随着漳泉与厦门等闽南语系的移民涌入沙捞越经商和开垦，古晋人口剧增。王友海等人认为有必要成立同乡会，借以救济贫困的同乡，解决他们在此地的住宿问题。1871 年，王友海发起创立“福建公司”。当时福建公司对于协助解决同乡的摩擦，缓解同乡与政府间的关系，都扮演了非常积极的角色。王友海成为首届总理，并一直担任到他病逝，才由他儿子王长水接任。后来福建公司于 1930 年正式改名为“福建公会”，一直沿革至今。

6. 郑永昌

郑永昌，1841 年生于海澄县浮宫美山村。12 岁入私塾读书。14 岁时母亲不幸去世。19 岁时父亲患病，家境贫困，为生活所迫而中断学业，于 1859 年底漂洋过海到荷属东印度的三宝垄谋生。初当店员和做杂工，后来进入一家商号任会计，后入赘东家。因生意兴隆，他将分享的利润寄回家赡养父亲。不久，父兄相继去世。1869 年，郑永昌回国奔丧，并在家乡娶郭氏为妾。

1870 年，郑永昌重返三宝垄，在其岳父的支持下，开设光盛栈商行，经营土产生意，渐成富商。1876 年，郑永昌在三宝垄兴建了数座店屋和仓库。光盛栈在梭罗等地设有分号。经过 7 年奋斗，郑永昌终于在印尼建立了自己的产业，“店屋栈所，前后有八进之大”。后来郑永昌又在三宝垄开设郑永昌贸易公司，与建源贸易公司、郭河东贸易公司为三宝垄三大贸易公司。1908 年，荷印火车公司呈送商业局的报告中指出，1907 年从港口的东面至西面载运了不少于 1595000 担（PIKOEL）的出口货物（每担均为 62.5 千克），都是用牛或马拉的货车载运的。这些货物都是马克·尼尔公司、米兰多尔·福特公司、黄仲涵的建源贸易公司、郑永昌贸易公司及其他华侨小商的货物。可见郑永昌的商务生意之大。

1914 年，荷印殖民政府在三宝垄举办了一个“博览会”，郑永昌贸易公司出资 5000 荷盾，与其他华商建了一个具有中华民族风格的陈列展览室。

1907 年，三宝垄华商周炳喜、马厥猷（海澄县籍）、柯远芳、甘钦福、黄良谟等，以及有祥号、广合号、和顺栈、德裕隆、仰复号、益源公司、裕合公司、成合公司等发起组织华商会。同年 3 月 7 日，三宝垄中华商会正式成立，该会宗旨是：“增进华侨商业知识，保持本岛华侨利益，发展本岛华侨商业，促进祖国对爪哇贸易。”

三宝垄中华商会成立后，组建董事会主持领导会务，任期一年。德高望重的郑永昌被推选为第一届总理。商会成立时，曾备文呈报清廷，清廷表示赞许，特给予关防一颗。该印章于 11 月 29 日寄至日惹，郑永昌亲自往日惹受印，带回三宝垄，启用如仪。

郑永昌主持的三宝垄中华商会第一次办理侨商的工作，就是三宝垄商贸市场的侨商被荷印政府下令改造的交涉事件。当时有148名侨商经当地荷印政府批准，共投资10080盾兴建一座市场，共144间店屋。侨商在此经营，每月只须缴纳些许费用，以供修理及管理市场之用。1907年7月，荷印政府发布通告，准备把该市场收归政府改造，然后由侨商承租。各侨商请中华商会设法交涉。中华商会立即召集会员大会，研究对策，推举3名华人代表与荷印政府交涉。最后荷印政府做出让步，取消收回改造的决定，只收取少量经费维修市场，仍由侨商经营。

1907年，清廷派王凤翔到爪哇视察中华会馆、学校，在三宝垄受到热烈欢迎。他第一次访问三宝垄的3天都住在郑永昌家中。第二年再来三宝垄，然后有几年固定住在三宝垄，以督学身份常到爪哇各地巡视。同年12月2日，清廷派农工商部侍郎杨士琦出使爪哇，到三宝垄时，也是住在郑永昌家。中华商会举行了盛大的欢迎典礼。

其后，郑永昌又连任三宝垄中华商会第二届、第三届总理。商会最初设在东街观察第，即原马淼泉银行旧址，至1908年9月才自购会所一座于中街73号，就是现在的会所。该会为增长会员见识，特向上海、福州、厦门、广东、香港等地订购各种华文报纸及吧城、泗水、三宝垄等地巫文报纸以供会员阅览。

1909年，清廷又派王广圻乘舰到爪哇抚慰华侨及考察爪哇岛商业。郑永昌得知讯息，立即以三宝垄中华商会名义电知泗水、梭罗、日惹等地中华商会，准备欢迎仪式。在三宝垄时，郑永昌趁机向王广圻专使呈请，代向居留地政府交涉取消路字苛例，只因当时本地华侨如要出门，不论远近，必须先向当地政府请讨通行证，然后才可外出。这种苛例实在让华侨大受束缚。王广圻专使当场答应返京时，定将三宝垄华侨情形及所受的痛苦转达朝廷，尽力设法救济。

当时爪哇岛还没有中国领事馆，华侨遇到困难解决起来极为不便。清廷鉴于此，特令驻荷兰公使陆征祥与荷兰政府谈判，要求允许在荷印设领事馆，后来得到荷兰政府允许。从此事可看出，郑永昌确实尽力维护华侨的合法权益。

1904 年，三宝垄中华商会创办了中华学校。1907 年，三宝垄中华商会主持了第一期会务，并决定将中华总会易名为“爪哇学务总会”，专管华侨学校教育事宜。1908 年，郑永昌被选为中华学校第三届总理，主持学务总会，曾将会馆章程禀告清廷学务部。他一面鼓励学生回国升学，凡本校学生回国读书者，组织董事会设宴饯行，鼓励后起。时附设女学堂已成立，但女生过少，仅七名，暂停办。1909 年，女学堂在郑永昌的努力下，继续开办，另辟教室于加余岸。

郑永昌身处荷印殖民地，心系祖国，他主持三宝垄中华商会期间，尽力襄助祖国的实业和慈善事业。

在山东省的一次大饥荒中，郑永昌慷慨解囊相助，清廷特此恩准其为“贡生”。1884 年中法马尾海战爆发，郑永昌又捐款做军饷，清廷加封其盐运司知事的头衔。晚清因战事签订了很多不平等条约，财政越来越困难，捐纳制度广为推行，郑永昌 1892 年又捐资赞助北洋水师，清廷再赐予其正四品的中宪大夫衔。

1907 年，在三宝垄中华商会成立不到两个月时，中国长江以北发生水灾，郑永昌召集董事会，进行救灾筹备，发动侨众募捐，不到一个月，筹集国币 12000 元，由汇丰银行汇交中国农工商部转发灾区施赈。1908 年 6 月，广东发生水灾，郑永昌发动商会会董劝捐数千元汇寄广东，赈济灾民。同年 10 月，福建漳州又发生水灾，郑永昌组织会董分队劝募，先收 6000 元，由他的光盛栈向汇丰银行汇寄灾区放赈。11月，再将续捐的4000余元汇到漳州灾区。

1909年，上海组织“中国商务轮船会社”，创办大信银行，函请三宝垄中华商会向华侨募集股份，该会也给予助力。1909年，三宝垄、吧城和泗水的中华商会本着增强祖国海军力量的愿望，开展了“捐助中国海军”的活动。三宝垄中华商会向埠中同侨进行劝捐，共襄斯举。同年，清廷派王广圻参赞到三宝垄募集航业银行股资，促进祖国航运业之发展。郑永昌认股2000股，并发动埠中华商认购12600股。

清廷以三宝垄中华商会热烈赞助祖国实业、赈济祖国灾难，于宣统元年（1909）特由农工商部颁给“急公好义”匾额一方。

郑永昌经商成巨富，能文能书又能诗，而且造诣非凡。在闽南侨乡至今还流传着一首闽南语民谣：“有永昌富无永昌厝，有永昌钱财无永昌庆彩（随和），有永昌庆彩无永昌慷慨，有永昌慷慨无永昌好驶，有永昌好驶无永昌文才。”

7. 杨在田

杨在田，漳州龙溪县碧湖社（角美杨厝村）人。早年家境清贫，下南洋到菲律宾继承父业，将小铁铺发展为瑞隆兴铁业公司，经年经营，业务兴隆，遂成为菲律宾巨富。杨在田注重乡情，凡到菲律宾谋生的乡人求助，无不真诚相待。杨在田关心家乡，在漳州、龙海、南靖以及鼓浪屿等地兴办各种公益事业。1907年，他捐资在家乡建立私塾碧湖小学、龙虎堂，广收乡邻子弟免费入学。1908年，他又捐款建造校舍，增设女校和幼稚园。这是漳州第一所侨办学校。1912年，杨在田捐献巨资在家乡碧湖建“恩推义局”，设“大愿堂”，在厦门鼓浪屿办医馆，开展施医、施药、施棺善举，扶济孤贫寡妇，乡人广受其惠。

8. 薛有礼

新加坡的薛有礼、薛有文、薛有福三兄弟，祖籍漳浦县石榴乡东山上营。薛有礼从小受英文教育，从学校毕业后，任新加坡汇丰银行买办，后有感于当时“叻地同侨，囿于旧俗，身之与国，漠不相关”，于是决定辞去薪酬优厚的职位，投身报业。1881 年，薛有礼创办了新加坡乃至东南亚第一份华文报纸《叻报》，以开启华人社会风气，推广中华文化。闽粤方言称新加坡为“石叻”，《叻报》即新加坡的报纸。薛有文年幼就读于槟城的圣方济书院，早年曾随父亲经商于新加坡与厦门之间，从 1890 年起任新加坡汇丰银行买办。

9. 郭有品

郭有品，漳州龙溪县流传社人，天一总局创办人，年幼丧父后由母亲丁氏抚养成人，自小受苦却坚韧沉毅。1869 年，17 岁的郭有品在堂兄郭有德的资助下，随“客头”从流传村登船，漂洋过海到吕宋马尼拉谋生。郭有品勤劳朴实，尊老敬贤，且乐于助人，深得同乡侨民的信赖。1874 年，郭有品被一些富庶侨商推举为“水客”，专门替吕宋侨商及其华工携带银信回国，赚取一些佣金。由于汇款手段不便，海外华侨的积蓄只能通过“水客”捎带回家，因而向国内家眷捎带银信的侨批也就应运而生。郭有品帮侨民带信带钱，在东南亚与闽南之间来回奔波，因信用好，也逐步从水客发展为客头。随着华侨信汇日益增多，郭有品意识到海外银信业务的良好前景。1880 年，28 岁的郭有品在家乡流传村创办了首家民间侨批局——天一批郊，开始经营吕宋与闽南之间的华侨银信汇兑业务。天一批郊坚持“信誉为首，便民为上”的经营之道，对于远途来客招待以食宿。汇款时如款项一时不便的先由信局垫上。对居无定所的侨民，则店前收寄，回信到达，挂牌招领。1896年，清朝邮政局正式对外营业，天一批郊受核准登记注册，为“郭有品天一信局”，总局设在流传村，外设厦门、安海、马尼拉、宿务、怡朗、三宝彦等分局，后又增设香港、安南分局。几年间，该信局基本上涵盖了我国东南沿海和整个东南亚国家，繁盛时期每年侨汇额多达千万元大银，占闽南侨汇的2/3。

10. 吴寿珍

吴寿珍，诏安甲洲庵前村（珂里村）人，新加坡华侨。其父吴秀水在近代口岸开放后前往马来半岛锡矿作矿工，稍有积蓄后在新加坡的源顺街创办安和号，经营锡矿和木业。之后购置小汽船，经营土产。富裕之后积极响应清廷赈济活动，捐纳获得盐运使等官衔，成为南洋侨商。光绪十五年（1889），吴秀水因赈济皖省灾荒两次计洋银4000元，被两江总督曾国藩颁给“乐善为怀”匾额。

吴寿珍在诏安出生，成年后前往新加坡协助其父打理生意。1892年接管其父全部事业，之后也得到广东候补用道员官职。吴寿珍身在异邦，但热心家乡公益，“助担诏书院膏伙以培士类”，“先人建业星嘉坡时，客星若不能归里者则给船租，俾得归还祖国。士人游历南洋受其雅意款接者更多”。吴寿珍在福建捐款最大的一笔是1900年福州水灾时捐3000元。“光绪十五年助直隶赈捐数千金，二十六年闽省水灾，又赈捐助金数千元，列宪奏请给‘闽中义士’‘海外人杰’‘见义勇为’‘行道有福’各匾式，旋以出力人员保举广东知府，赏戴花翎，署星嘉坡总领事……又历任星嘉坡中华总商会正总理，倡办福建道南学校监督，殷勤力培华侨子弟。其他公益事宜无不热心提倡，闽粤侨界共推为领袖焉”。①

① 陈荫祖修，吴梦沂纂：《诏安县志》卷十三《人物志·列传》。

1902 年，时中国驻新加坡总领事罗忠尧赴澳，吴寿珍被任命为“代理新加坡兼辖海门等处总领事官使”，他与清廷官府关系密切并具有雄厚的经济实力，熟悉华侨事务，因而被推为代理领事，之后三任中华商务总会正总理。

11. 郭春秧

郭春秧，字樊生，又名祯祥。清咸丰九年（1859）出生于福建省原同安县角美乡锦湖寮东社。父亲郭河北在他年幼时就过世，养育他成长的是祖母许氏。1870 年，郭春秧在同安县积善里壶屿桥帮理商务。1877 年，郭春秧漂洋过海到爪哇，在其叔父郭河东开设的制糖厂当学徒。19 世纪中叶以前，华侨在爪哇的制糖业曾有相当的发展。同治九年（1870）荷印政府颁布“糖业法”以后，荷兰人建立机器制糖厂，代替手工作坊生产。华侨办的制糖厂设备陈旧落后，受到排挤。郭春秧正是这个时候进入糖厂的，他聪颖勤奋，进取心强，逐渐学会制糖技术。出师后，他采用机器制糖工艺，改造传统的榨糖设备和煮糖炉灶，获得成功，因而得到叔父的赏识。30 岁时，他已经是叔父身边最得力的助手。

1894 年，郭春秧跟郭河东的儿子郭洪淼等人一同在三宝垄成立郭河东股份有限公司，行号名为“锦茂行”。公司经手的营业项目包括茶、米以及爪哇糖等物产的出口。光绪二十一年（1895），郭春秧接任糖厂经理后，拓展糖蔗种植面积，扩建制糖厂，购进先进制糖设备。郭河东过世后，亲族把郭河东公司转卖给郭春秧。在郭春秧的经营下，公司业务不断拓展，分厂遍及荷印所属各埠。

第一次世界大战期间，糖价暴跌，市场一片恐慌，但他坚信战争结束以后糖价一定会回升。事实证明，他是一位有魄力有远见的经营者。他也一度跃居爪哇四大糖王之列。郭河东公司成为继黄仲涵经营的建源公司之后，另一个能与荷兰人竞争的糖业公司。在爪哇糖商之中，郭春秧所属的郭河东公司及黄仲涵所属的建源公司，其1933—1934年的产糖量就占全爪哇的38%，郭河东公司还领先于建源公司。

郭春秧在叔父郭河东锦茂行时，其资本仅13000余盾，经他经营后积累至300万余金。郭河东公司归郭春秧后，他便做进一步投资，并在香港设锦昌号、厦门设锦祥行、新加坡设锦祥行和锦茂行、三宝垄设锦祥行等十几处分店。其事业有一日千里之势，家产更达数千万金。

郭春秧在其商业经营过程中善于发现商业机会并进行投资，体现出独到的投资眼光。早在1888年，当时还在郭河东手下工作的郭春秧到台湾考察糖业时，见识了当时台湾北部茶业出口贸易的盛况，并告知郭河东有关台湾茶业的潜力，在台湾开始从事茶业贸易。1900年，郭春秧携带乌龙茶登上了巴黎万国博览会的国际舞台，一举获得茶叶金奖，轰动华人世界。在展会中，郭春秧还设置台湾吃茶店，率先创立特色行销方式。

台湾地区被日本占据后，糖的经营权被牢牢地控制在日本人手上。郭春秧转而将目标放在台湾茶业上。没想到欧美洋行又来搅局，台湾质量最好的乌龙茶都被欧美洋行收购经销。郭春秧另辟新路，经过观察，他发现当时乌龙茶田主要聚集在台湾中部，因此他邀请不少华侨巨贾，尤其是来自福建厦门的商人，一同前往大稻埕发展。他汇集众人力量，鼓励台湾北部农民种“包种茶”，借此与欧美垄断的乌龙茶做区隔。同时联合板桥林家新高银行，向台湾茶商提供资金。包种茶很快受到市场欢迎。郭春秧乘胜追击，开始将包种茶引进爪哇，受到市场追捧。随着台湾包种茶的热销，郭春秧在台湾西北部投资开辟茶园，创办制茶厂，在台北淡水镇大稻埕开设“锦茂茶行”，形成从种植、加工、制作到销售的一体化经营模式。他利用原来在东南亚的贸易网络行销包种茶、红茶和乌龙茶。他还创办了台北茶商公会，并担任第一、二任会长。他借此在厦门设立了锦茂茶行分行。台湾出口南洋的包种茶年约 20 万箱，其中 1/3 是由郭春秧经手卖出。1918 年爪哇官方禁止从国外进口茶叶时，郭春秧到巴达维亚与荷兰政府进行交涉。他在谈判中成功说服了荷兰政府允许爪哇输入一定量的台湾包种茶。

第一次世界大战爆发，三宝垄华商受到金融危机的严重冲击，时任日惹中华总商会总理的郭春秧竭尽全力帮助解困，保全者实多。1913 年，郭春秧在台湾提出辕轩银行的设立案，并积极参与计划，引导大家族从事东南亚贸易。1918 年，郭春秧造访日本东京，主张以孔孟思想作为中日亲善大同团结的最佳途径，提出建立孔圣大同会，并捐出 30 万元存入台湾银行作为成立基金。1923 年，因孔圣大同会工作无进展，加之这年日本关东大地震，郭春秧便将 30 万元基金转而捐出赈灾。

郭春秧对于振兴华文教育不遗余力。1908 年，安溪籍林景商南游到日惹，住在郭春秧家。当时爪哇各地华校兴起，唯独日惹空缺。郭春秧与林景商召集该埠华侨商议兴办华校，推举叶鸿成为总理，郭春秧和林景商负责筹划其事。但日惹政府百般阻挠华侨办学。经过数番交涉，中华学校方告成立，林景商为校长，当时招收男女生 360 人。不久清廷派杨士琦宣慰华侨，到日惹中华学校视察，深为赞许。第二年林景商辞职与郭春秧回国，继任校长为杨炯旋。郭春秧关心家乡的教育和慈善事业。光绪（1875—1908）年间，漳州发生严重水灾，郭春秧创设赈局并修筑堤防保护乡民。他还因捐助清廷而获盐运使头衔。1911 年武昌起义，郭春秧是民军筹饷会会长，率先筹募外洋 20 余万金，获民国总统颁发一等爱国奖章、急公好义匾额及五等嘉禾勋章。他在龙溪、海澄、嵩屿设立十几所学塾，其中独资在角美寮东社捐建锦湖小学，免费招收学生上学，供给学习用品；开办嵩江孔圣大道会，资助乡亲；还开设大道医局，义务为乡亲治病。

民国初期，郭春秧为了改变家乡角美镇寮东社长年遭受风暴浪潮侵蚀威胁的状况，从梭罗引进了红树林种苗，种植在寮东社海岸堤外滩涂上。此举有效地缓解了海潮对堤岸的冲击。

12. 王加禄

王加禄，又名王百猷，祖籍福建漳浦县前亭镇过港村，出生于清咸丰十年（1860）。少时在厦门打工，20 岁与同乡一起下南洋，来到泗水，在一位闽南籍老板经营的土产行当店员。他任劳任怨，很快便熟悉了商行业务，深得东主称许。

后来，东主见他颇有才干和商业天分，就介绍他到龙目岛创业发展。王加禄移居龙目岛安班澜，先是租个小店，经营土产。由于他学会了一些当地语言，做事讲诚信，童叟无欺，生意不断扩大。1920 年，王加禄与友人在安班澜组织荣丰米较公司，经营碾米业。后来又开设金马烟草有限公司，专营南洋兄弟烟草公司生产的“金马”牌香烟。他也参与投资创办泗水中华银行。

清光绪三十一年（1905），荷印当局鉴于王加禄在当地华社的威信和热心华社公益事业，加上通晓荷语和当地语言，就委任他为雷珍兰。因任内工作出色，后又委任其为甲必丹。王加禄在任甲必丹期间，体察侨胞疾苦，曾多次向荷印政府反映华侨的正当要求，如取消不利于华侨生计或歧视性的法令，减少各种税费等。他还常替贫困华侨代缴纳人头税；尽力调解侨胞纠纷，维护华社团结稳定。

清末，中国内地常发生水灾，王加禄大力捐款赈灾。清光绪二十七年，清廷御封王加禄为“监生州同”职衔。光绪三十四年，王加禄被清廷授封为“正五品同知”职衔，赏赐官服顶戴花翎。

王加禄大力推广汉文，出资编制《印汉字典》，热心侨民的教育事业，独资创办澜华学校。他还热心社会公益，爱祖国，爱家乡，多次捐款回国，深受侨胞拥护爱戴。

1907 年，王加禄等发起成立安班澜中华商会，并出任首届会长。1908 年，以王加禄为会长的安班澜中华商会发动华商捐资创办龙目岛第一所中华学校（简称澜华），组织董事会领导。商会及学校经费全靠华商捐助支持。1910 年，商会集资购置会所及兴建校舍。澜华学校每年均有学生回中国就学，仅 1936 年就有 19 名小学毕业生回国升学，占当年毕业生的一半。1938 年，澜华小学增设 1 个初中班级，到 1941 年增加到 3 个班级。同年 12 月 8 日日军南侵，1942 年 5 月登陆龙目岛，初中部被迫停办而小学继续开办。1945 年 8 月日本战败投降，印尼独立。1946 年 7 月，王加禄等几位热心于教育的人士创办了龙目中华中学，简称龙中。1959 年十号法令执行后，乡下华侨营业受限制使许多华侨失去生计，当时掀起了一股回国浪潮，学生人数递减。为了节省经费也为时局关系，1960 年，该校舍以 150 万盾被卖掉，龙中又迁回第二部旁边的校舍（现印尼学校校址），直到 1966 年被封闭。

王加禄故居收藏有许多珍贵档案文物，如荷印政府颁给的“大和国甲必丹王寓”金字招牌、清廷御封同知职衔档案及官靴、清廷核准王加禄为中华商务总会正总理的札子及商会佩章。最宝贵的是一份光绪年间的护照，持照人为王加禄，签发日期为光绪二十三年（1897）六月初六，签发者“代理新嘉坡兼辖海门等处总领事府张”即张裕公司创始人张弼士。这份护照对于研究晚清时期外交、侨务及商贸状况颇具文献价值。

13. 林文庆

林文庆，祖籍漳州海澄吾贯（鳌冠）。其祖父林玛彭于1839年从家乡南渡槟城谋生，生林天尧，后来移居新加坡。林天尧育有五男二女，林文庆排行第三。林玛彭、林天尧父子都受雇于章芳琳商行。林文庆，初在福建会馆附设的书院读书，后改入官立英文学校，不久升入莱佛士书院学习。1887年，因学习成绩优异，他考获为第一个得到英女皇奖学金的华人，入英国爱丁堡大学医学院攻读医科。1892年毕业后在剑桥大学研究院兼作讲师并从事医学研究。1893年，林文庆回到新加坡，在源顺街行医。因医术精湛，他获得较好的社会声誉，次年与人合伙在落亚逸街开设九思堂西药房。1911年任清廷内务部医务顾问和北京西医院顾问。1912年初，林文庆应孙中山之请，到南京担任孙中山的私人秘书兼医官，后任内务部卫生司司长。1933年创办了厦门中山医院，任首任院长；同时接受漳州闽南医院的邀请，任名誉董事。

林文庆也是实业家。1896年与同乡陈齐贤试种橡胶，在马来亚开办联华树胶公司，被誉为“南洋橡胶之父”。1912年之后先后合资开办华商银行、华侨银行等，之后合并成为新的华侨银行有限公司。

林文庆也是教育家。他提倡女子教育，1899年发起创办新加坡第一所女子学校——中华女校，并捐献土地建校，推广华语。林文庆积极研究和热情传播中华传统文化。1897年，他与宋旺相合作创办《海峡华人杂志》，与邱菽园组织“好学会”，以唤起华侨华人对政治、时事、学术和科学的兴趣。1906年，林文庆参与发起成立新加坡中华总商会，被选为董事。1921年，林文庆应邀出任厦门大学校长，把厦门大学发展成为学科体系齐全的综合性大学。他高薪聘请知名教授，其时厦门大学群贤汇聚，师资力量非常雄厚，科研学术风气浓郁。1926 年，林文庆在陈嘉庚的支持下，筹办国学院，聘请了鲁迅、林语堂、顾颉刚、沈兼士等著名学者。

1937 年，厦门大学改为国立，林文庆辞职返回新加坡。陈嘉庚评价林文庆说："捐弃其偌大之事业，嘱托于人，牺牲其主席之酬金，让而不顾，舍身回国，从事清苦，力任艰巨。一则为厦大关系祖国教育精神，人才消长，一则希冀华侨资本家，将来感悟，归办事业。其爱国真诚，兴学热念，尤为数百万华侨之杰出。"

14. 陈齐贤

陈齐贤，1870 年出生于马六甲，是陈笃生的孙子。少年时，陈齐贤在马六甲培风中学读书。他的父亲陈德源精通中、英文，对植物很有研究，是马六甲颇有造诣的植物学家。受父亲的影响，陈齐贤对研究热带植物产生了浓厚兴趣，是陈氏家族第二代植物学家。

1891 年，陈齐贤出任马六甲市政委员。1894 年，24 岁的陈齐贤受封为太平局绅，成为陈氏家族又一位获此殊荣的成员。

橡胶原产于巴西亚马孙河流域。19 世纪中期，巴西政府一直控制着橡胶的出口贸易，禁止橡胶种子出口。1888 年，英国人黎德利来到新加坡植物园工作。1889 年，他从巴西秘密带了 20 多颗橡胶种子到马来亚，向身边的人推广种植橡胶。由于缺少种植技术，在很长时间都无人问津。黎德利也在植物园试验种植，因移植不很成功，又花费了很多时间和金钱，遭到新加坡总督的攻击，最终失去信心而放弃。

曾任厦门大学校长、祖籍海澄的林文庆是最先看好橡胶发展的华人。他把这个信息告诉陈齐贤，鼓励他试种橡胶。陈齐贤本来就对热带植物颇有研究，两人一起分析当地的土壤、气候等条件后，立即着手筹试。1896 年，他到巴西考察橡胶生产，并购回一批橡胶种子，在马六甲市郊开辟一块 40 英亩的橡胶园试植，把它命名为“武吉冷当园”。陈齐贤吃住在橡胶园，精心培育，细心观察，仔细记载橡胶的成长过程，认真总结经验，不断改进，终于获得成功。于是，陈齐贤决定大面积试植，1898 年，陈齐贤与林文庆、邱雁宾及英商埃格敦集资 20 万元，在武吉亚沙溪种植了 3000 英亩。1901 年，陈齐贤、林文庆邀约李俊源、邱丽容、陈若锦、曾江水等人合作，将橡胶移植到新加坡杨厝港，又获得成功。新加坡和柔佛当局对此很重视，采取行政措施推广种植橡胶，规定凡申请土地垦殖者，须种植橡胶树；新加坡每英亩种植 500 棵，柔佛每英亩种植 400 棵，种子由政府设置机构组织供应。这时，陈齐贤转为培育橡胶种子，通过出售橡胶种子获得丰厚的利润。更出乎意料的是，他把乳胶制成生胶，在马六甲举办橡胶生产展览和召开演讲会，通过实物、图片、文字详细介绍橡胶种植技术，把栽培技术和种植经验无偿献给社会。

新加坡和柔佛当局看到橡胶很有发展前途，便积极配合，在《宪报》上发表文章，肯定陈齐贤移植橡胶成功，并祝贺新马首次获得橡胶产品。

1907 年，陈嘉庚开始涉足橡胶种植业，首次向陈齐贤购买 18 万粒橡胶种子，种植在福山黄梨园。1910 年又以每英亩 50 元的价格，向陈齐贤购买 500 英亩老橡胶园。陈六使、李光前等华侨也相继经营橡胶种植业。在以后几十年间，福建华侨在新马采用陈齐贤的橡胶种植经验，从事橡胶种植业致富的有 30 多人。很多华人企业家纷纷仿效，他们从中国招募大量的华工种植橡胶。这些华工又推动了当地经济发展。1904 年，华侨区干寅等人把橡胶种植技术带回海南岛，建立了中国最早的橡胶园——侨兴胶园。

20世纪初，由于汽车的流行，第一次世界大战的爆发和美国经济的腾飞，橡胶种植业迅速发展，新加坡、马六甲等地普遍推广种植橡胶。马来亚橡胶产量在1905年还不到200吨，1914年增至4.8万吨，超过巴西而跃居世界第一位，成为"橡胶王国"。新加坡成为世界橡胶的市场。英国殖民当局的官员维·布赛尔在《马来亚》一书中承认："如果没有现代马来亚的助力（橡胶），欧洲和美国的汽车工业就不会有这样巨大的发展。"

为此，黎德利、林文庆、陈齐贤和陈嘉庚被公认为马来亚"橡胶王国四大功臣"。林文庆被尊称为"橡胶种植之父"，陈齐贤被尊称为"橡胶艺祖"。

陈齐贤像他的先辈一样，事业成功后，回报社会，热心公益和教育事业。1911年，他捐资为马来联邦医学院（1913年改为爱德华七世医学院）兴建医院大厦，并以他父亲的名字命名为"陈德源大厦"。1913年，陈齐贤与曾江水在马六甲创办了培风学校，后改为培风中学。1915年，陈齐贤又与曾江水购置马六甲东街纳路店屋5间，捐给培风中学充作校产。如今，培风中学是马来西亚唯一独立华文中学。陈齐贤的弟弟陈惟贤也是一位慈善家，在兄长的影响下，同样热心教育事业，曾捐助1000元（1000元在当时是一笔巨款）给圣弗朗西斯科学校。

陈齐贤的儿子陈温祥受到父辈的影响，也对热带植物产生了浓厚的兴趣，成为陈氏家族的第三代植物学家。他曾培育出一色彩艳丽的兰花，以父亲的名字命名为"齐贤万代兰"。1960年，陈温祥培育的兰花在英国伦敦切尔西花展上荣获金奖，英国女王亲自向他表示祝贺。

陈齐贤积极支持孙中山的辛亥革命，是早期新加坡同盟会会员。

1916 年，陈齐贤因病逝世，年仅 46 岁。《南洋年鉴》云："今日马来之繁荣，齐贤之功未可埋没。"为纪念这位南洋橡胶王国的开创者，马六甲、新加坡各有一条以他的名字命名的"齐贤街"。

15. 林秉祥

林秉祥，浒茂溪洲村（今漳州龙海紫泥镇溪洲）人。他年轻时赴新加坡，进入圣茹授斯学校学习。毕业后，林秉祥在其父林采虆所经营的丰源航务局工作，以出色的业务表现开始在公司崭露头角。1914 年，林秉祥创办和丰轮船公司，拥有远洋船只 29 艘，多艘轮船航行于汕头和厦门等港口之间。随着业务的发展，1913 年，林秉祥创办了华商银行，后改组为华侨银行并担任总经理，并涉足水泥、钢铁、大米、信局、种植园等多种行业，一时被誉为南洋巨擘。[①] 1916 年，林秉祥被推选为新加坡中华总商会会长。1920 年，他捐资 2.5 万大洋，助建新加坡南洋华侨中学。林秉祥在家乡力行慈善，兴办医馆，后来回乡创办医局。1914 年，林秉祥在家乡浒茂创办祥懋学校，"祥懋"是取林秉祥及其弟林秉懋名字的后一个字，其为漳州最早的侨办学校之一。1915 年，为纪念其父林采虆，祥懋学校更名为采虆学校，"通洲所办六社，一浒茂城内（暂寓大宗祠堂），二北溪头围社采虆医局边，三仁和社，四霞溪港社，五金锭社，六新洋港社，皆独资以充经费"。林秉祥前后共创办了 9 所采虆学校。鼎盛时采虆学校在校生达 300 多人，为乡村社会培养了大批优秀学子。1915 年，国民政府大总统袁世凯向他颁发三等嘉禾勋章和"急公好义"匾。

林秉祥热心公益，采虆善社乃其独办，孤寡贫困，不分姓氏，

① 郑来发：《新加坡华侨林和坂父子事迹考述》，《福建史志》2019 年第 1 期。

人皆供给 3 斗大米、2 元大洋，年末发给度岁金，年受惠者多达 2000 人，还向无法收殓的穷困人士施棺。采蘗医局以及溪洲采蘗小学等遗迹至今依然矗立在龙海区紫泥镇溪洲村，今采蘗医局已改作为佛教场所。采蘗小学建筑颇具南洋特色，后乡人称其为“番仔楼”。

林秉祥家族先后在石码、漳州等地创办电灯公司、绍兴花雕酒厂、纺织厂、榨糖厂等，投资地方经济，发展家乡现代工业。同时，他还力图通过修建公园、修道路、改革厕所、倡导俭朴文明婚丧礼仪等改变家乡现状。

自明清以来，漳州就是重要的产糖区，糖产品畅销海内外。五口通商后糖出口激增，但到 19 世纪末 20 世纪初，日本极力扶助台湾糖业，1902 年在台湾引进檀香山优良蔗种，推广先进制糖技术，大量糖业进入国内，极大地冲击了漳州糖业。1930 年，林秉祥在漳浦万安设立丰祥农林公司，投资甘蔗业，引进爪哇大径蔗种，以机器榨蔗，但制糖仍用土法。1937 年，福建省建设厅入股，改为公私合营，但是不久全民族抗日战争爆发，公司随后内迁，新式机制糖随之停止。

16. 陈武烈

陈武烈，陈笃生之曾孙、陈金钟之孙、陈纯道之子，陈家第四代，幼年进入莱佛士书院学习，受到良好的教育，表现出非凡的领导才能。陈武烈也秉承家族热心公益、奉献社会的传统美德。他在 1897 年到 1916 年担任天福宫正董事，成为继陈笃生、陈金钟之后的天福宫董事。1899 年，他还参与建立新加坡华人女子学校和海峡英籍华人公会（担任马六甲分会会长），是该女子学校的发起人之一。另外，陈武烈也是华人义勇军队员及陈笃生医院管理委员会成员。陈武烈也曾捐龙银 150 元协助家乡修路。1906

年，清朝驻新加坡总领事孙士鼎倡导成立戒烟会，得到了陈武烈的大力支持。1906 年，中国同盟会南洋分会在新加坡成立，陈武烈加入同盟会，积极支持孙中山的民主革命。1909 年，陈武烈在花柏山山腰兴建别墅并以祖父名字命名为“金钟别墅”。1932 年，陈武烈回到中国，在上海任华侨联合会会长。

17. 杨纯美

杨纯美，漳浦佛昙镇人，14 岁下南洋，在印尼万隆谋生。初始入店为学徒，勤奋好学，1893 年在叔父资助下做小布贩，之后在日惹开布店，精心经营，渐有起色。1895 年与华侨陈阳黎之女陈珠娘结婚后，在万隆开设平安堂中药铺，后又斥资在万隆新巴刹开设新义成公司，经营棉纱布，之后又购入荷兰人的一家薯粉厂。此后恰逢第一次世界大战，薯粉和布匹价格飞涨，其遂成巨富，并在万隆市购地兴建纯美街。一战后因荷印当局对商业征收战捐，杨氏回国，在厦门购置房产，开设和平布店和厦门兆和酱油厂及鼓浪屿中华电灯公司、漳嵩汽车公司，并开辟由旧镇经佛昙至厦门湾的屿仔尾公路。之后再度前往印尼爪哇经商，先后就任万隆中华总会主席、中华商会会长、华侨慈善会主席等职务。

杨纯美有感于家乡教育落后情况，毅然将教育作为其事务，1934 年带 30 万银圆回国，在佛昙镇创办中学，并在附近购买土地建设校舍。之后亲自到厦门遴选本县人李克柔和王立民来校担任校长和教导主任。

18. 杨启泰

杨启泰，杨在田之孙，幼年居鼓浪屿，肄业于英华书院，后移居菲律宾马尼拉，进入天主教办的圣德兰文学院进修英文，毕业后进入其父瑞隆兴铁公司工作。因勤奋经营，遂成为菲律宾侨界领袖。1928 年出任菲律宾华侨教育会会长，年仅 31 岁，1931

年继任。1939 年，杨启泰参与了菲律宾中正学院创办，这是唯一一所涵盖幼儿园、中小学、大学的中英双语教学的综合教育机构，其担任中正学院董事达 40 多年。杨启泰热心公益事业，1948 年还捐款 3.7 万美元给厦门双十中学，并定期捐资给家乡角美碧湖小学，协办中菲多所学校，培养中菲青年，赈济各地灾荒。九一八事变后，国民政府决定建立空军，中国航空建设协会在菲律宾成立直属菲律宾支会，首任会长是陈荣芳，后由杨启泰任会长。1937 年全民族抗战爆发，马尼拉商会召集华侨团体成立菲律宾华侨抗敌后援委员会，杨启泰任副主席。1940 年因李清泉赴美治病，杨启泰继任主席，并开展抗日宣传、筹集助战捐款。杨启泰还兼任南侨筹赈会副主席，与陈嘉庚等共同主持南洋各地华侨抗战赈济工作，为国家抗战作出了重要贡献。

19. 简羡强

简羡强，1912 年往缅甸毛礼埠谋生，初设“振成宝号”，经营五谷杂货批发。其后自置 10 艘帆船载运谷物，并开设碾米厂。1930 年独资创办启民小学，任校长兼董事。简羡强热心家乡公益事业，于 20 世纪 30 年代初捐资在南靖铺筑长教石路并建一座凉亭，修葺南华岩等名胜古迹。1936 年又捐资在南靖长教卧山建小学。1937 年，国民政府主席林森题赠“敬教兴学”匾额，侨务委员会委员陈树人题赠“兴学利侨”匾额。

20. 林庭槐

林庭槐，漳州龙溪人，1910 年前往荷属印尼谋生，1912 年在泗水埠创设中华药局，精心研究医术，自己研制药品，受到各界好评。1924 年，漳州华侨发起成立了泗水漳州同乡会，林庭槐为副会长，次年担任会长，并连任 8 年。林庭槐曾任泗水振文学校校医、泗水中华学校董事兼卫生科主任等职。1936 年 8 月，泗水漳州同乡会名誉主席、中央国医馆驻荷属泗水支馆筹备主任林庭槐，泗水江浙公会主席庄霖卿医师，联合泗水中医界代表，发出泗水国医界成立中医公会的倡议书，获得积极回应。9 月成立了以林庭槐为主席的泗水中医公会筹备处。1937 年 1 月，该公会在同济医社成立，经会员投票，选举林庭槐为主席、庄霖卿为副主席。中医公会下设执行委员会、监察委员会、名誉董事会、赠诊委员会、药商委员会、募捐委员会、医药委员会等机构，是荷属东爪哇国医药界的管理机构。林庭槐领导该公会制定了《泗水中医公会组织章程》，并进行了一系列的国医宣传和义诊活动；平均每月赠诊 1500 人次，赠药上千帖，并在泗水《大公商报》开办《中医旬刊》，对中医进行介绍。

1937 年全民族抗战爆发后，华侨十分关心国内战况。10 月，林庭槐召开泗水中医公会执行委员会会议，后向印尼公众发出了号召："国难当前，正国人卧薪尝胆之秋，吾人安居异地，岂可乐而忘怀，所以有钱出钱，有力出力，各尽吾人天职……"并发布《本会募集救灾药品宣言》："……本泗既有赈灾会之创设，迭募巨款汇回助赈矣，唯灾区伤病众多，其待药品救济亦正急，斯同人等，感念及此，万难漠视，爰于前日开会，议决公举职员，特向医药吾界进行劝募救灾药品，不辞夭良之驱使，敢代灾民而请命，保护我同道同业者，慨解义囊，共襄善举，如有自动捐款者，不论多寡锱铢，殊玉露金丹。素知吾同侨及医药界，不乏慈善仁者，同体上天好生之德，共切举世沉沦之感，对于赈灾工作，岂甘落后，必能踊跃输将，以解灾区奇难……"林庭槐带头捐献 60 万打万应消毒油。泗水中医公会组织各种形式的募捐活动，如万山、和德堂、永太和、泗水怡安居、中华药局等药行、药局的华侨踊跃捐款、捐赠救伤药品。林庭槐认为战场伤员急用药品需灵效轻便易携带者为适宜，于是献出祖传片仔癀秘方，由中医公会购置最好的中药原料，加班制造片仔癀。

1937 年 11 月 29 日晚，泗水中医公会将捐赠国内的第一批药品装上轮船。其中，片仔癀即有 1500 包，另外还有硼酸 100 磅、万隆丸 4000 粒、消毒油 120 瓶、随身至宝丸 12 瓶、外擦跌打损伤药酒 1 箱等等，共计几十种药品。

21. 杨锦忠

杨锦忠是福安堂创始人杨友政的长子。杨友政出生于平和县秀峰乡福塘村一个贫穷的客家农民家庭，为了谋生计，于清光绪二十四年（1898）随舅舅下南洋，从汕头港乘船，到达泰国曼谷。1910 年，27 岁的杨友政在曼谷华人聚居区越迪四角创立福安堂药行，开始进军中药材市场。

杨友政的长子杨锦忠 3 岁时回中国读私塾，8 岁返泰国读中文、泰文。早年他对传统中医、中药、泰国古医有较深入的研究，掌握了医务、制药技能及经营业务，爱好养殖业，建有养蜂场、动物场及果园。杨友政逝世后，他继承父业，带领弟妹开拓发展福安堂产业，重建福安堂 7 层主楼，创办福安堂无限公司（后又成立福安堂有限公司），自任董事长兼总经理。他先后收购传统古方药的光明五福标有限公司和以生产止咳水为主的虎星标药业有限公司。现这两家药业公司均通过 GMP 生产标准。20 世纪 80 年代初，杨锦忠有幸随时任泰国总理的差猜上将访问中国，就泰国与中国的贸易投资进行磋商。有中国的医药公司愿与福安堂有限公司进行贸易合作，让福安堂代理中国中成药在泰国销售。从此，福安堂开始进口中国中成药业务，获得包括国内外各大品牌的总代理权，如：北京同仁堂的乌鸡白凤丸等十大国药、漳州片仔癀、杭州的铁皮枫斗精、山东烟台的至宝三鞭丸、马来西亚的风痧丸……成为泰国第一家经营中国中成药的商行。

泰国流行用中药材制成的成药，为数几达1万种。杨锦忠精通泰文，而且为药业界所推崇，泰国卫生部特设一个审查药品委员会，聘请他为审查委员。经过他核准的，便有几千种，其中许多都依据中国古方配制而成，如祛风散、补血酒、牛黄丸、退热丸等。他在联华药业公会出版的每期会刊中，列出中药名称和泰文名称的对照表，方便华人与泰国人对中药的阅读与交流。

杨锦忠才高博学，为人正直，热心社会公益事业，信誉卓著，对社会贡献良多，是泰国华社中久享盛誉的侨领，被誉为泰国中医药界泰斗。他在商业界、药业界、卫生界及众多侨团中知名度很高，颇受推崇。几十年来历任各侨团及社会要职：泰国福建会馆第33、34届理事长，为该会名誉理事长；连任泰国联华药业公会6届理事长，为该会永远名誉理事长；连任天华慈善医院副董事长兼医务主任；连任泰国卫生部产品规格鉴定委员会委员、药政委员会委员、审查药品委员会委员；还任泰国中医药协会主席、杨氏宗亲会理事长、泰国中华总商会顾问、泰中促进投资贸易商会董事等职。他在任联华药业公会理事长期间，经常与政府有关卫生官员联络，帮助会员同业解决很多问题。1977年，泰国卫生部规定从1978年起，配药师必须全日驻药店执业，全泰国药店因此而面临极大困扰。杨锦忠召开理事会讨论应对办法，并于9月呈文卫生部，反映全国配药师实不够分配药店，请求暂准配药师在药店每日驻店3小时，让药店能继续经营。他将所查户的数据呈上，最终获得卫生部同意，准予药师每日3小时驻店执行业务。

杨锦忠一生致力于促进中泰友好关系。1972年，他参加泰国政府代表团，作为主要成员兼翻译访问中国，为促进中泰建交做出重大贡献。1978 年，他又促成泰国卫生部部长组成代表团访问中国。1983 年，他促成并主持泰国“今日中药展览会”“亚细安中医药学术大会”，带领泰国中医药界人士参加中国、新加坡等地学术交流。为推广中国传统医学、医药，他从 20 世纪 70 年代以来坚持参加每年的广州交易会，最早促成北京同仁堂、漳州片仔癀等著名中成药进入泰国及东南亚市场，对发展中泰贸易起了一定作用。

杨氏家族身在海外，心系桑梓，热心家乡公益事业。早在民国初年，杨友政就回福塘村建了一座土楼——聚奎楼。1943 年，杨友政捐资 5000 银元资助家乡新建福塘小学。1997 年，杨锦忠捐资 8 万元修建福塘小学校门和围墙。后来杨氏家族又捐资在福塘村兴建福安堂文娱台。

第二节　漳州与南洋的文化交流

漳州文化是闽南文化的重要组成部分，“作为中华文化向东南沿海延续和发展的一部分，具有典型的向心性，同时也因为独特的海洋区位特色，在与海洋互动的过程中也渐渐体现了一种离心性：文化中顽强的生命力与张扬的个性”。[①] 漳州地处海疆边陲，向心性与离心性并存，使其文化在伴随移民海外尤其是东南亚地区而交互影响中发展。

① 黄源成：《多元文化交汇下漳州传统村落形态演变研究》，华南理工大学博士学位论文 2018 年，第 83 页。

一、漳州华侨在海外传播中华文化

（一）教育文化传播

1. 书院义学

书院是中国传统的教育机构，明清随着大量闽南人流寓南洋，书院制度也被移植到国外，并促进与当地文化的结合，进而推进中华文明传播。书院一般使用闽南方言作为交流语言，将庙宇当作学堂，延请闽南来的儒生担任塾师。

漳州民众通过贸易和劳动力输入南洋地区，使得南洋地区的中华节庆文化生根繁衍，且为当地人所接收。如印尼华人，“孔子生日适逢时，华人协商达共识。商店关门都歇业，通力合作办夜市。此项规定真痛快，亚弄（马来语，小店铺、杂货铺、饭铺）关闭无例外。扶老携幼逛夜市，荷兰惊异难摩揣”。对夜市举办助学的慈善活动，各族民众踊跃参与其中，“慈善夜市众颂扬，参观游客心舒畅。荷兰仔多纷进贡，捐献踊跃慨而慷”。[①] 当地民众也配合华人节日，加入纪念孔子诞辰的夜市活动中。殖民者对华人办学慈善筹款也给予支持。

据《公案簿》记载，1846 年 6 月 24 日，吧城挨实嗹致书玛腰（陈永元）云：“教读先生、财副、医生，未知此三等人现时要用若干。”公堂称：“论此三等人逐年在吧约用 600 名，内中宜作三分而算，或有死亡，或有代其该亲轮流回唐，或有经商遂即旋归。由此而论，居吧者尚伸无几……若如此决定其数，未免多艰。何也？仍外出者，本所未料。如挨实嗹肯恩典，祈一尽开禁，任

---

① ［印尼］谢基祥著，周南京译注：《吧城中华会馆诗颂》，《八桂侨刊》2011 年第 3 期。

从等人来吧，则青头船可配300名，红头船配200名，甲板船配100名之为美哉！”最后，公堂1846年7月22日回复：“论在吧约用教读160名、财副360名、医生80名，然此三等人，本堂细思，内中或有死亡，或有代其该亲轮流回唐，或有遂即回归，由此而论，约在吧者尚伸无几。”① 此应是一个大概数目，不过从这个档案集中可知，来自福建的青头船运送人数显然比来自广东的红头船要多。

从地域来看，早期的童蒙塾师来自漳州、泉州一带的比较多。由于吧城华人主要是来自福建南部，加上用方言授课，义学聘请塾师较为在意地域。1846年任玛腰私塾教读的陈学林，乃“在唐生长，住居漳州府漳浦县东林社，年三十八岁，幼奉严命，从师受业，讲明诗书之理。自辛（辛丑道光二十一年）年登吧教读玛腰门下”。② 1859年1月，赖观澜“系生唐山漳州，现年53岁，明婚所出，自幼学习文字。于和1824年到吧，即为教读先生六年，诸学父俱无间言……因念自居吧34年，始终或理公或理私，未有巨细事迹，在上下干刀，无非勤慎所致也”。③ 1883年11月，塾师黄钟英被革去，方文标、蔡澄秋、林文塾、杨诒谷四位先生呈禀词“恳掌教义塾”，甲必丹陈文贵舍谕云：“至方文标已老耄矣，而林文塾系福州人氏，音语与我漳大不同。唯蔡澄秋、杨诒谷学问皆堪取。”④ 此表明，此义学要求塾师还是有较强的地域观念。

除了会馆等机构经办义学之外，华人社会中还有不少私塾教

① ［荷］包乐史主编，侯真平等校注：《公案簿》第四辑，厦门大学出版社2005年版，第298—299、312页。

② 吴凤斌等校注：《公案簿》第五辑，厦门大学出版社2005年版，第51页。

③ 包乐史等校注：《公案簿》第十辑，厦门大学出版社2010年版，第164页。

④ 聂德宁、吴凤斌、包乐史校注：《公案簿》第十三辑，厦门大学出版社2014年版，第435页。

育，玛腰等富裕华侨群体愿意出钱雇佣落第的儒生为塾师。1845 年，新客来吧城 27 人，王壬癸恳新客王福“住王元龙之家教读诗书”。①

漳浦县志中记有程日炌的“巴国记录”（《噶喇吧纪略》）。在纪略中谈到他前往南洋，时“年弱冠，思偿父债，当隆冬盛寒，北风迅发，浮海而南……始至时无相识者，思欲为人佣力。尝一至山，操械以行，丛林密莽，死骸相枕藉，不能一朝居。后走垅城，再至吧城，舌耕糊口。屡有以婚事相招者，坚守吾父临别时‘须发家贫抛椒水，勿问临邛不得归’之语。前后七年，谨完前债，袖手而还”。②

漳州儒生到南洋吧城义塾就任塾师，对传承中国文化和礼仪起到了重要作用。如 1872 年 1 月 29 日来自漳州诏安的义学塾师方夺侯谈道：“自壮至老，前后计有三任。中有鸿儒博士接踵，而受恩掌教义塾者，或一载两载而遄征旋归，且或一载半载而疾病身故，皆有初鲜克有终。因往推来，将见此院似有择乎人者，与晚之三沐而得三任者，不过就义塾行义事，整顿学堂，清洁圣像，勤拾字纸，礼送字灰，募建字亭。又怜其故先生游魂无依，设立奠安之位，上则敬圣，下则教徒。执此数端，无敢小懈。”③ 1890 年 9 月前任雷珍兰陈文速上书恳请来年任义塾明诚书院正师之职时禀曰：“切晚弟素本以砚田为业，自惭驽力虽不能奋志于天朝，亦曾任吧国公堂朱葛礁迄升雷珍兰之职。恭逢国家奠安，百姓咸宁，任事多年，小心翼翼，克遵厥职。自致仕以来，孜孜教读，确守儒业，孔孟是宗。昔日先人建创书院，崇祀先贤，春秋享祀，

---

① ［荷］包乐史主编，侯真平等校注：《公案簿》第四辑，厦门大学出版社 2005 年版，第 173—174 页。

② 《漳浦县志》卷二十二《人物》。

③ 包乐史、聂德宁、吴凤斌校注：《公案簿》第十二辑下，厦门大学出版社 2013 年版，第 392 页。

延师教育穷人子弟，咸知礼仪，文教振兴。此乃养老恤幼，斯为风俗之美，亦可以俾列宪致仕，回翔补授，号曰养老，斯亦公堂之盛德者也。近闻书院师长求罢任，如列宪不以为弃，晚弟愿为充补。自当克勤厥职，以引以翼，是训是效，则幸甚!”①

1875 年 7 月 6 日，吧城明诚书院招聘掌教事，王鹏飞称自己以“舌耕为业，馆居南靖，虽暂得为安身，然人弃我取相知转在于不相识之人”。

来吧城的塾师不论以舌耕为业抑或转作商贩，富裕后大都愿意寻找各种机会转向公堂、美色甘等华人管理机构谋上一官半职。如来自漳州的赖观澜，“于和 1824 年到吧，即为教读先生六年，诸学父俱无间言。后即为船主掌理船事，商贩四方，亦皆如意”；“至和 1853 年曾蒙王上 8 月 13 日第 20 号案夺，即举为公堂二朱之职……所任大朱，每月得俸 120 盾，今已五年”，“今闻敖文明欲举一室兼以雷职，任事和美惜甘，每月得俸金 100 盾”。②

在南洋，华人是在家庭、神庙之类的社团里开办私塾形式的书斋学堂，它沿袭中国国内教育制度、课程设置和教材方式，各地、各社团各自为政。③ 在南洋，不少漳州人宗族将宗祠和书院合建在一起。在暹罗的诏安籍沈万成等 3 人于光绪十一年（1885）倡导建立宗祠，获得 225 位宗族成员支持，买地建造沈氏大宗祠，共花费 1322 铢。在曼谷谷庄路有沈公书院，暹罗北柳府挽巧县乌树巴有沈公书院、叻丕府万昌县有沈公书院、夜功府红涂（涂下土）有沈公书院、也拉府亦有沈公书院，皆依附沈氏宗祠。

① 吴凤斌、聂德宁、包乐史校注：《公案簿》第十四辑，厦门大学出版社 2016 年版，第 29 页。

② 包乐史等校注：《公案簿》第十辑，厦门大学出版社 2010 年版，第 164 页。

③ 彭俊：《华文教育研究》，上海师范大学博士学位论文 2004 年，第 6 页。

2. 童蒙教育

在暹罗的阿瑜陀耶王朝后期，漳州人在暹罗大城的华人社区举办私塾蒙学堂，学习《三字经》《千字文》等内容；到了曼谷王朝，已有漳州籍的萧佛成在曼谷接受私塾教育。

养正学堂、道南学堂。吴寿珍、陈楚楠等发起倡设的养正学堂，后改为崇正学校。养正学堂是附设于顺天宫之下，属于义塾学校。1907 年，吴寿珍筹办道南学堂（后改名为道南学校），漳州籍的刘金榜捐银 2000 元、吴寿珍捐银 1200 元。光绪三十三年（1907）十二月，农工商部侍郎杨士琦到南洋一带考察商务，其驻节新加坡时，为道南学堂题额："斯文在兹。""勿谓童子无知，傥弦诵余闲全国精神应尚武；唯愿圣人复起，凡舟车所至五洲图史尽同文。"① 1907 年，两江总督端方在南京开办暨南学堂，以促使海外侨生深入学习华文。道南学堂也在 1908 年 12 月派遣优秀学生前往暨南学堂学习，其中包括著名侨领李光前、林邦彦等人。

3. 推行孔教复兴运动

1901 年，林文庆在新加坡带领孔教复兴运动人员讨论建立孔庙事务；吴寿珍以代理总领事的身份倡导召开会议；林文庆、邱淑园等商讨建立孔庙学堂。会议还制定创立孔庙和现代学堂的章程。

（二）漳州民间信仰、地方文化在南洋的传播

1. 开漳圣王在南洋传播

南洋各地的开漳圣王庙，大都是在下南洋的主要航线经过的重要港口，规模比较大的，大概是分布在荷属爪哇的巴达维亚（雅加达）、荷属苏门答腊岛的棉兰、荷属北婆罗洲坤甸，还有英属马来亚的新加坡、马六甲、槟榔屿，以及缅甸仰光。在南洋，

---

① 《叻报》1907 年 12 月 10 日。

至今仍存的最早开漳圣王庙，是位于雅加达 Glodok 华人社区的陈氏祖庙。印尼雅加达陈姓宗亲于 1650 年建设开漳圣王祖祠，乾隆三十年（1765）重建该祠，将“盛德世祀”刻成石匾额，嵌在墙上，彰显“圣王开拓精神主张生生不息、应理而变，行于南海诸邦”。

1786 年英国控制的槟榔屿成为国际自由港口后，当地漳州籍的陈姓族人就组织起来，于 1810 年通过大众议决，将已故先人陈雅意在“大街”13 号之住宅改为宗族公业，将位于自由港岸边的住宅改造为陈圣王公祠，供奉开漳圣王。1857 年，宗族进一步定名“颍川堂陈公祠”；1878 年又搬迁到现在的海滩街，建成威惠庙，整个建筑分前后两部分，前进供奉圣王香火，后进供奉祖先牌位。新加坡的保赤宫始建于 1876 年，位于新加坡河道与海洋交汇处，主祀开漳圣王。

光绪二年（1876），苏门答腊岛北部的棉兰陈、钟、赖三姓宗亲，共用颍川堂号，互为联宗，在双溪马帝设立祭祀三姓亡故之人的总坟。1908 年，三姓先民又在老武汉港口县城建立会所，供奉陈圣王以及三姓历代祖先牌位。

加里曼丹岛的坤甸“陈氏颍川郡侯”，主祀妫满（陈胡公），1868 年初设于玛腰街，两年后迁至大沟唇横街，1887 年再次搬迁。而缅甸的仰光，地处印度洋和马六甲的中间，地理位置重要，1755 年仰光建城，即有华人在南面江边建立码头；到 1790 年时该城已是“西洋货物，集于漾贡，闽广皆通”，可以说是西货东来的主要途径；而广东人陈观广于 1856 年在临仰光河购地，之后转让给陈氏公司，之后众人捐资建馆，馆称开漳圣王。

明清以来的闽粤民众延续先祖所开辟的航道走入国际商贸网络，积极向域外开拓，航路所及重要港口陆续出现开漳圣王庙祀。因而，南洋的许多“宗亲组织确实也不单纯是中国古近代南方宗族村落的延伸”，“跨海而联合的族亲、宗亲，或跨姓联宗，无疑可能因为成员增多，所在地理范围扩大，有机会取得来自不同地方、不同领域的人事与资源”，从而维持成员在“当地养生送死的需要，以及应付外来压力”。①

道光四年（1824），南靖华侨戴亮辉捐资在吧城（今雅加达）建南靖庙，并在庙内设立南靖公会。

2. 中医文化传播

明清以来，福建闽南、广东粤东等地百姓下南洋谋生，种植胡椒、烟草、橡胶以及开矿等。南洋天气湿热，多恶性疟疾、霍乱等病，华人多患风湿、黄疸等病。南洋一带缺医少药的情况，吸引了一部分中医师的到来，也有一部分受邀前来治病，如1846年吧堂档案记录云，荷兰印尼的“各号条规，无如严禁新客一条，我唐人在吧最为艰辛，何也？自和1837年11月14日第1号禁新客不得通往州府……虽曰现时亦有些少儒生、医生、财副，徒有其名而无其实，辛金又且高贵。若用和医以疗病者，唯家富则有之，盖亦寡矣。是以十年内计之，长幼死者有9473人，所入不足以供所出，伤何如也！”吧堂玛腰认为吧城对塾师、医生、财副“三等人逐年在吧约用600名，内中宜作三分而算，或有死亡，或有代其该亲轮流回唐，或有经商遂即旋归。由此而论，居吧者尚伸无几”。② 这反映出当时吧城华人对中医需求之迫。

祖籍龙溪的林庭槐倡议在印尼成立泗水中医公会，并积极推广中医文化，同时该公会也接受中央国医馆的具体事务指导。当

① 王琛发：《盛德世祀：南洋开漳圣王信仰文化——落地生根、跨海互动与慎终追远》，《闽台文化研究》2019年第2期。

② ［荷］包乐史主编，侯真平等校注：《公案簿》第四辑，厦门大学出版社2005年版，第279—280、299页。

时国内多名政要名人为之题词，如居正题“远宏国粹载福侨胞，华风南渐鹤鸣九皋”，邵力子题“发扬国粹”。泗水中医公会还创办了《中医汇刊》杂志。同时，南洋中医杂志一般都设有中医基础理论、临床治疗、民间验方、卫生常识、医药信息报道等栏目宣扬中医文化。

漳州生产的片仔癀，是番客行李中必备的物品，海外华侨视之为救命的神药。片仔癀的制作原料，主要包含麝香、牛黄、三七、蛇胆等，都是极其名贵的中药材。在华人集中的印尼，很多药商经营的大宗药品就是片仔癀，此外，泰国、马来亚、新加坡、越南、菲律宾等国也有销售。1937 年全民族抗战爆发后，包括漳州华侨在内的各界侨民，关心战局，泗水中医公会召开执监会议，决定向国内捐款和捐赠药品。同年 11 月，泗水中医公会将捐赠国内的第一批药品装上轮船，其中片仔癀足足有 1500 包，另外还有大小八宝散 12 瓶、药棉 74 支罗、硼酸 100 磅、硼酸膏 40 磅、吊金粉 6 磅、绷布 1190 只、万隆丸 4000 粒、消毒油 120 瓶、随身至宝丸 12 瓶、外擦跌打损伤药酒 1 箱、百生油 60 瓶、红毛膏 60 瓶、刀伤止血水 6 瓶、红胶布 3 打、烫火弹伤退黄消毒霜 48 瓶、虎骨伤膏药 10 打、收毒油 60 瓶等等。①

3. 家庙

在移民南洋过程中，漳州移民逐渐将家庙等一套形制带到所在国。漳州是印尼华侨的主要祖籍地之一，1673 年出生于龙溪县路边社的韩松在康熙年间抵达爪哇务工，其最小的儿子韩尾（振泗）于乾隆年间担任泗水甲必丹，其后这支韩氏家族在 100 多年的时间里有 30 多位在印尼担任侨领。如今在印尼泗水华埠橡胶街

① 林恩燕，林炳辉：《抗日战争时期的印尼泗水华侨中医》，《中医文献杂志》2006 年第 1 期。

(Jl. Karet)，该家族于1876年建立的韩氏辂轩祖庙，供奉着韩松及韩氏家族其他成员的神主。

此外，漳州地方戏、民间信仰等也传播至东南亚。

二、南洋文化对漳州的影响

（一）文化艺术

1. 雕刻艺术

以清代“闽越雄声·楚滇伟绩”石牌坊为例，牌坊上的“画板”运用双面雕的手法装饰，无论是人物还是背景的老树或是桌椅、骏马等，无所不用其精。牌坊的边楼上，各有五块青石镂雕花板，花板上雕有卷发虬髯的外国人。有的卷发虬髯或头戴礼帽，或在骑马，或在欣然跳舞，或在与当地人谈话交流，一派中外歌舞升平之景象。这说明清代漳州对外交流频繁，在商贸活动中已经自如地与洋人打交道，以及本地人颇为自然地接受彼此不同的种族和文化，突破传统的华夷之间的界限和对海外文明的认可，体现出一种开放心态和视野。

2. 瓷器工艺

漳州产的釉上彩大盘，盘之口沿模仿典型的克拉克瓷开光纹样，而盘心纹饰风格则是独创的。此纹饰由各种有关欧洲航海主题的元素构成，包括航海刻度盘、欧洲船只、海岸线和巨大的鱼，这些主题元素很可能来自15世纪和16世纪大航海时代绘制的欧洲航海地图和早期制图中用来显示海岸线的标志性建筑、小岛、船只等。“这类特殊的漳州窑盘，结合了中国和欧洲的装饰元素，证明欧洲商人和漳州陶工之间的直接商业关系”。[①]

---

① ［英］甘淑美：《葡萄牙的漳州窑贸易》，《福建文博》2010年第3期。

釉上彩大盘

漳州五彩罗经帆船大盘

（二）货币

清光绪二十二年（1896）海澄青礁慈济宫重修，其碑记记录了漳州华侨捐缘："例贡生颜应麟捐英银叁佰贰拾大元；上张浒茂丰源号、安详乃兴号、圳尾陈庆照捐英银壹佰伍拾大元。"[①] 南靖梅林天后宫修建捐款碑记中载有："生源摆五盾六、步紫公一百盾"，"建涌题和银三十盾正、培球题和银二十五盾正、清超题和银二十七盾半。"在华安，光绪十四年《重兴云水溪桥碑记》碑文中有："造千万人来往之桥，需费巨万者哉。华嵙三里许，有云水溪桥焉。上达汀龙下通漳厦，为行旅货物必经之地，诚通衢要道也……凡七拱长二十四丈六尺，中拱高三丈六尺，累累焉如七星之联珠。计用番银贰万余元。"[②] 这些"英银""和银""番银"等外来货币表明大量番银可在漳州流通。"番银"使用的是"银圆制"，其重量、成色标准化，且样式精美，适应了商品经济发展的需要，因而逐渐主导了闽南一带的货币流通，且得到民众普遍的

① 《重修慈济祖宫碑记》光绪二十二年（1896）。

② 见华安云水溪桥《重兴云水溪桥碑记》。

接受。

有学者认为明代葡萄牙人到达漳州进行贸易是在1518年，非1516年，而且它们进行贸易的主要货币是西属美洲银币，非葡萄牙本国铸造，主要是美洲流入巴西葡属殖民地，经加盖戳记后流向世界市场，在闽南地区仅发现几枚。明清时期，作为具有世界货币功能的墨西哥“鹰洋”、日本“龙洋”、英国“站洋”、法属印度支那“座洋”等相继输入闽南地区。由于铸造精美，重量、成色统一，且有的还在币面铸上中文标记以便百姓识别，这些贸易银圆几乎垄断了闽南的货币流通市场。当时出现在侨批封上的货币名称如“龙银”“英银”“大洋”“洋银”“龙鸟”“鹰银”“光洋”“座洋”，即为此类银圆，[①] 乾隆十年（1745），“福建、广东近海之地，又多行使洋钱。其银皆范为钱式，来自西南二洋，约有数等：大者曰马钱，为海马形；次曰花边钱；又次曰十字钱”，“闽粤之人称之为番银或称为花边银，凡荷兰、佛郎机诸国商船所载，每以数千万元计”。[②]

闽南语漳州音“钱”读作“镭”，其读音即源自西班牙货币单位REAL（即瑞尔）。从清中叶至民国初期，闽南地区官方以及民间交易、纳税、商业记账等经济活动，大多以“番银”作为结算货币，这从当时的碑记、地契以及银票、借据等金融文书中出现的“花边银”“佛银”“龙银”“英银”“大洋”“银”等货币称谓可以得到印证。受外来“番银”的影响，清道光年间，漳州诞生了中国最早的地方自铸银圆之一——漳州军饷。明清时期漳州的海外贸易以及货币流通的情景，在漳州古代寺庙、碑刻、牌坊、石

① 林南中：《“番批”“番银”——海洋文明的金融符号》，《福建金融》2014年第6期。

② 《清朝文献通考》卷十六《钱币考》，浙江古籍出版社1988年版，第5002页。

雕以及年画中都有反映。在闽粤交界的漳州市诏安县分水关长乐寺，至今还保留着一方立于清乾隆五十四年（1789）的“重建分水关观音亭碑”，上面镌刻的捐款数额除了用“捐银”多少“两”外，还使用了“捐银”多少“元”，在62个捐款人中，捐献银两的占11人，其余51人都是捐献银圆。① 这说明乾隆时期使用番银是按枚计值，且在当地番银作为流通手段已占主导地位。在漳州市芗城区官园威惠庙有一方清嘉庆六年（1801）的石碑，上面的捐款已是清一色的银圆，其中许多还使用到角币，说明到了嘉庆年间，番银在漳州的流通使用范围更加广泛。距官园威惠庙不足100米的另一座官园大庙里，有一方清光绪十五年（1889）的碑记，捐款的货币单位也是清一色的元、角。当时按清廷官方规定还在使用银两制，清宣统时才正式使用货币名称“角”。这些货币流通亦反映出了闽人频繁来往南洋，与西方殖民商贸往来频繁，漳州亦成为海外贸易发达、受外来文化影响较大的一个地区。

（三）建筑风格

1. 龙海区海澄镇苏氏华侨民居

隆庆开海后，漳州到海外讨生活者逐渐增多，海外华侨群体逐渐发展起来，并通过经济、宗族、文化等方式影响国内的经济与空间格局。建筑即为一重要体现，具有南洋风格的中西合璧的建筑大量出现。海澄镇合浦村苏氏华侨民居，是村民苏瑞满从印尼泗水回乡修建的，“中部采用典型的

骑自行车儿童

① 见诏安县长乐寺《重建分水关观音亭碑记》。

合浦村苏氏华侨民居

闽南民居，中轴线上依次为前厅、天井和主厅，两侧为对称式的南洋风格建筑，拱形的外廊、线脚丰富的柱式和西式的雕花。从民居宏观的整体规划布局到建筑单体的微观细节装饰上，都全面地融合了中西两种不同的建筑风格”。[①] 该处古民居外形优美，兼有闽南红砖燕尾和南洋建筑风格，建筑装饰考究，木雕、石雕、砖雕等工艺都十分精湛，尤其是门顶一雕像甚为独特：一名南洋士兵一身戎装，腰挂佩剑，异域形象与军人的英武之气，毫无违和地被这座海边小村享受了一个多世纪。

2. 天一总局

位于九龙江畔角美镇流传村的小巷深处，有近代中国首家民间侨批局，亦称大清第一民办邮局，即天一总局。该侨批局于1880年设立，1896年注册为郭有品天一信局，1902年改为郭有品天一汇总银信局，比1896年成立的大清中华邮政局还早16年。该局在鼎盛时期，每年侨汇额达1000万～1500万银圆，侨汇业

① 黄源成：《多元文化交汇下漳州传统村落形态演变研究》，华南理工大学博士学位论文2018年，第78页。

务占当时闽南地区侨汇总量的三分之二。它是中国历史上规模最大、分布最广、经营时间最长的早期民间侨批局。天一总局是一座中西合璧式的建筑群，由北楼、陶园、苑南楼 3 座建筑组成，总建筑面积近 5000 平方米，西洋拱券式外廊与闽南民居相结合，气派而精巧。该建筑是天一总局创办者郭有品的儿子郭行钟于 1911 年斥巨资在流传村兴建，历时 10 年，于 1921 年告竣，是当时天一信局的商业运转中心和生活居住中心。

天一总局（杨佳麟供图）

最为壮观的北楼是天一总局的办公大楼，前后为拱券式外廊，廊柱高大气派，正立面装饰了西式山花，门墙上的装饰中西交错，有构思巧妙的信鸽和骑车邮差的高浮雕，也有西洋建筑里的安琪儿浮雕。建筑内部，中间一个大院落，回廊环绕，而窗檐带和走廊外墙柱明显呈欧式建筑特点。房内装饰精致，至今还保留着当时极少有的须弥柱装饰以及进口蓝色玻璃、磨砂玻璃、彩绘瓷砖。

整座建筑外景呈现出西式建筑风格，内景结构则显示中式风格。北楼向西并列是三进式大厝，两旁紧拴双边雨屋，屋后紧连苑南楼。苑南楼、陶园是居住楼和后花园，为拱券式外廊建筑，二层，后院为三进式闽南红砖大厝。陶园占地3000多平方米，是一座漂亮的花园。花园里建有亭台、楼榭、假山、猴洞、鱼池、花圃、石砌小道等等，绿草如茵，竹木成林，曲径通幽，群芳竞艳，一派优雅恬静的迷人风光。石雕、木雕、砖雕造型丰富，手法细腻。

3. 曾氏番仔楼

靠近沿海地区的村落，受海洋文化与南洋文化的影响较大，海外归来的华侨不断将侨居地所见闻的建筑形式带回原乡。

角美曾氏番仔楼（杨佳麟供图）

位于角美镇东美村墩上社的番仔楼是由新加坡华侨巨富曾振源及儿子曾福全、曾福祯两代人从光绪二十九年（1903）始建，历经 14 年，耗银 17 万两才建成。番仔楼群是典型的中西合璧的建筑风格。整体建筑以家庙为中心，三横三纵，呈“凹”字形。番仔楼的楼房内外墙装饰用的花瓷砖，由南洋专船运回。建筑群楼上与楼下都建有一条狭长的过道，通道的中段，有好几个类似半月形的拱桥，这在闽南地区极为罕见。人们可直接从桥上走到对面的楼房，而不用重走回头路。

这座华侨豪宅，构思巧妙，布局严谨，气势宏大，工艺精湛，庄重典雅，是华侨吸收西洋文明的有力物证。而该楼的建筑构件、材料、建筑设施也为研究闽南番仔楼建筑提供了难得的实物。

曾氏番仔楼

洋楼和瓷砖

4. 养真楼

养真楼，当地人称“番仔楼”，是印尼华侨杨养成在南洋打拼 10 余年后，积累了一笔财富，于 1931 年返乡建造。养真楼楼体为巴洛克式建筑风格，二层砖木结构洋楼，坐南朝北，建筑面积 300 多平

养真楼安琪儿与莨苕纹（杨佳麟供图）

方米。南洋式建筑屋顶为“人”字坡顶，融入少量闽南建筑元素。建筑顶层栏杆墙体上刻着“养真楼”字样，满布鸟兽与花果等雕刻，最上面一只向下俯冲的老鹰，雕刻纹理清晰可见。

养真楼拱顶石装饰（杨佳麟供图）

养真楼拱券细部特写（杨佳麟供图）

养真楼

5. 碧山楼

碧山楼，又称“乌楼”，仿巴洛克式建筑，为旅菲华侨杨贺龙（字贺廪）于1921年所建。杨贺龙青壮年时就在菲律宾的杨厝社知名人士杨在田创办的瑞隆兴铁业公司任职。之后他雇人建了碧山楼，建楼使用的铁件、水泥等材料均由海外运回。后花园内种植了大量不同品种的名贵花木和果树，果树很大一部分还是当时从菲律宾直接拿树苗回来种植。后花园最后面则是碧山楼始建人的墓地，墓地以大青石切割砌成，配以西班牙文字镶嵌墓墙，十分庄重气派。碧山楼兼具闽南与西洋之风格，在角美之古典楼群中独具特色。

碧山楼（吴飞龙供图）

6. 余庆园

碧山楼不远处，即有余庆园（又称红楼），由菲律宾华侨杨清月建于1921年，仿罗马券廊式，红砖砌成，未抹灰，直接以砖体示人。碧山楼和余庆园的主人，即杨贺龙与杨清月是叔侄关系，当地人称这两座乌、红楼建筑为“叔侄楼”。

余庆园多立克柱头（杨佳麟供图）

余庆园一楼变化的拱券（吴飞龙供图）

余庆园

7. 高阳楼

高阳楼位于角美镇鸿渐村，前厝后楼，为典型的中西合璧式建筑。前厝为中式一层大厝，后楼为欧式两层西洋小楼，典雅与古朴结合得天衣无缝。高阳楼是菲律宾华侨许文仲于1947年修建，占地面积540平方米。因祖先从河南高阳迁徙而来，楼主人许文仲取楼名“高阳楼”。前面的中式大厝亦如众多闽南古民居，为弯月形的燕尾屋脊硬山顶建筑，前厅面阔三间，进深三柱。屋脊下的山墙有悬鱼、鸟踏图案，有模糊残存的飞马、老鹰、花瓶等浮雕图像。山门砌青白石门框，上覆红瓦，青砖红瓦皆功底瓷实。门楣贴朱红的六角砖，墨书“高阳”两个大字。门楣外四沿有宝蓝色构线，显得壮观富丽。一楼前廊有欧式廊柱、拱门，有浮雕、镂雕的人物鸟兽图。顶楼正中圆轮上有猛狮、飞马的西洋雕塑。高阳楼与一般的闽南古民居的不同之处在于，高阳楼的飞

高阳楼（吴飞龙供图）

檐翘角处少了闽南特色的琉璃瓦点缀，没有龙凤麒麟等异禽怪兽，少了些金翅金鳞，少了些金粉木雕、檐头飞花，较少俗艳元素，而凸显素颜之美。

高阳楼窗户（杨佳麟供图）

高阳楼中西结合的竹节窗（杨佳麟供图）

高阳楼

高阳楼（吴飞龙供图）

8. 东山的福成大厝

福成大厝是典型的闽南西洋结合建筑。“福成”是其“福成号”商行之名，该商号初始以经营柴炭为主，后又拓展为专营粮油，还兼营南北货运，且是当时铜山最大的米行。随着家业壮大，该家族在铜山城西门内置地约300平方米，建造福成大厝。该厝外观以西洋风格为主，而室内则以闽南传统民居建筑风格为主。大厝中西合璧的外墙，轮廓线条非常简洁明了，腰部及檐口部有古罗马几何图案装饰，是铜山古城最大的民国时期西洋建筑。

福成大厝的前、后座均为两层楼房，建筑结构左右对称，中间为厅堂，天井隔开，天井两侧各有一条回廊。大厝前座面积较大，上下各为一大厅四居室，上厅为祭祀厅，下厅为食膳厅。大厝的后座面积较小，上下同样各为一大厅四居室，上厅下厅分别是纪念厅、会客厅。门厅右边设有庭院花园小局，与厅堂互相渗透，植有草木，形成幽美的自然环境及宁静和谐的生活氛围。庭院中间用石板铺砌，后面是书房。其室内装修陈设相当讲究，红木家具，加以精巧雅致的木雕花饰，富有异国特色的西洋式窗台、门饰，别有一番韵味。

9. 东山何氏番仔楼

该楼位于杏陈镇埕英村，村中 8 座番仔楼，保存完好。番仔楼由旅居新加坡华侨江桂珠等建造，建筑坐南朝北，前后排开，形成集南洋异域风情与闽南传统风格于一体的多元文化交融合璧的特征。

江桂珠，新加坡南海观音（庙山）佛祖庙负责人，出生于诏安县四都镇林头村，自小被送到东山县杏陈镇埕英村抚养。1933 年，江桂珠离别两岁的儿子何荣茂，与吴软英、林雪花下南洋，远赴新加坡谋生。身在异邦，身无分文，没有任何可以依靠的亲朋好友，异国他乡谋生之路异常艰难。她们把唯一的希望寄托在随身携带的神灵香火之上，把祈求庇佑的信仰也带到了南洋。她们亲眼看到当地人信奉道教，设道坛供奉师公，以祈求神灵保佑

东山杏陈何氏番仔楼

胜南庐

平安，而且做醮祈福风气浓厚，于是在新加坡黎氏哥士律443号创立了新加坡庙山佛祖庙供奉随身奉祀的东山石庙香火。前座供奉庙山佛祖，称为福善堂；后座供奉南海观音，即是龙善堂。其香火日渐兴旺，每天来庙堂烧香进贡的香客络绎不绝。她们的名字也传遍新加坡的大小角落。

江桂珠自1953年起陆续建造多处何氏大院，大体上都是砖木石结构，条石框架，红砖砌墙，红瓦盖顶，木质楼板。楼内布局仍保留着传统的闽南风格，天井、大厅、厢房等错落排列。建筑中大量使用钢筋混凝土、西式门窗等建筑材料及工艺，使得楼房在层高、跨度、采光、通风上都有不小的提升。其门框、廊柱上寓意追本溯源的题刻，无不时时训育后人应具有中华传统美德。一座座楼房结合西洋文化和中华传统文化，融入楼外楼里，凸显了近代海疆乡村的不平凡的变迁。①

胜南庐是吴软英按照传统的闽南民居木结构营造技艺所建，中西合璧，建筑整体外墙线条硬朗，南洋风格浓厚。庭院中两棵高耸的凤尾葵，颇有南洋椰风气息。建筑中布满墙面的浮雕、陶塑以及彩绘装饰，琳琅满目、风韵犹存，不难看出当年的富丽堂皇与精致讲究。

10. 漳州市区新行街的番仔楼

新行街番仔楼，是20世纪20年代从南洋苏门答腊回乡的陈顺筹斥巨资所建。该楼为庭院式大厝，主要由主楼和天院组成。主楼坐北朝南，高3层，总面积550多平方米，为典型的中西结合风格建筑，南面设通廊，立6支仿多立克柱式（一种希腊柱式）前檐柱；室内中部为门厅通道，两侧为房间，地板铺设从南洋运

① 黄辉全：《风韵犹存番仔楼》，《闽南风》2019年第11期。

来的花砖，楼板及屋顶则为传统桁架。建筑四面均开窗，外墙窗户顶设南洋风格帽檐。由于是番客所建，又颇具南洋风情，本地都称此楼为“番仔楼”。主楼四周环绕近400平方米的花圃。[①]

新行街的番仔楼

新行街的番仔楼

11. 东坂青年路番仔楼

番仔楼位于芗城青年路中段，始建于1934年，原计划作为医院大楼，刚竣工时，投资人陈氏因药材生意受挫，只得变卖家产，崭新的洋楼出手给当时的官方机构。该楼主体3层，天台建“十”字形阁楼间，并建柱式烟囱。整座建筑呈正方形，檐廊水泥柱，墙体为黑砶清水砌法。门廊呈月台式，台基砌4级弧形石阶。4支立柱是经典的多立克柱式，支撑半圆形月台，方

东坂番仔楼楼梯（吴飞龙供图）

① 林绿：《新行街番仔楼的红色往事》，《闽南日报》2020年3月31日。

青年路番仔楼楼顶正面

形瓶状栏杆。从外观看洋气十足，与绝大多数“番仔楼”的格局一样，其内部是传统的砖木结构，内饰除一层大厅地板铺从海外进口的花砖，走廊及楼上都是粘土窑砖砖墁。大楼高敞厚实，匠作精细，除少许木梁糟朽外，砖石件及水泥预制件保持完好形状，木质楼梯和大部分天花板仍然结实耐用。大楼原有后花园，前有门庭，20 世纪中叶，前庭后园改造成公租房，大楼内隔间也有所改动。[①]

12. 诏安天然楼

该楼乃香港侨商吴天然在西门街建造。修造该楼前，吴天然还特地邀请香港的荷兰建筑师进行设计。该楼建于 1930 年，仿哥特式建筑，共 4 层楼高，建筑面积共 600 多平方米。墙体采用贝灰、沙子、糯米糨糊砌成，而外墙、地砖及装饰材料则全部是从

① 田丰：《漳州“番仔楼”》，《闽南日报》2006 年 8 月 28 日。

天然楼（吴飞龙供图）

香港海运而来的洋货，整座建筑十分坚固。罗马风格的石柱、欧式的大阳台、雕刻着图案的窗户、彩色的窗玻璃，颇具南洋风格。楼顶四周还分别建造了中国长城烽火台、美国的沃尔华斯大厦、

天然楼楼顶建筑融合中美英法俄五国元素

英国的白金汉宫、俄罗斯的克里姆林宫、法国的埃菲尔铁塔等微缩建筑，将中国传统风格与欧陆格调融为一体。该楼建成之后，吴天然购置了手摇电影放映机和留声机，并添置了豪华的卫浴设备，乃闽南粤东闻名之豪宅。

13. 继鳌堂

继鳌堂位于龙海白水镇金鳌村，是新加坡华侨杨南离在尖峰山下祖籍家所兴建。该宅堂于1935年动工修建。闽南特色的院子融入了许多现代元素。院子里的偏厅门框有联："继续蕃衍方征裕后，鳌头独占始见光前。"从院子看，正堂右边通道门上刻"可乐居"3个大字，是来自《左传》中的"德行可象，声气可乐"。左边通道门上刻的是"善养斋"，出自《孟子》"吾善养吾浩然之气"。杨氏家庙中的继鳌堂，有联："继统追源建高堂而彰有德，鳌宗复振隆祭祀以表征诚。"从可乐居进入后堂，通道有门联："可以享天伦，乐其中情味。"家庙后门也有对联："澳畔多芳草，内庭聚菁英。"后方居中四知堂有门联对应："澳畔兰花秀，内庭桂子芳。"众多门联体现了宅堂主人的生活情趣。四知堂正门两边的藏头对联，则反映出了杨南离的名字、职业、人生理念与操守：

继鳌堂形制俯瞰图

继鳌堂内景

“南国营商躬行信义方能满载而归荣故里，离乡雅操手续完全始得同胞洽望贺新基。”堂内两边厢房门上各有一联：“门墙多古意，家世重儒风；五云蟠吉地，三瑞映华门。”

（四）漳州庙宇的海外文化元素

近年在漳州芗城区西郊院内村法真寺故址出土了风格独特的四牙象石碑底座，以及几段雕刻奇特动物形象的石柱础，说明漳州寺庙有域外元素的存在。谢重光认为，漳州北郊石亭镇北斗村朝真堂，应该是一座清真寺。北斗村朝真堂附近的高坑村村口，有一座“蕃人墓”，估计是伊斯兰教徒的墓地。[①] 理由是《八闽通志》引用宋代《漳州图经》云：“唐嗣圣中，胡商康没遮经此，将浴，投十钱，泉为涨溢，浴毕，泉复如故。”漳州的方志中也有记载，有古迹为普贤寺，“在城西厢，宋太平兴国三年（978）建。南唐保大（943—957）中，有三佛齐国将军李某以香货诣本州，易钱营造普贤院，手书法堂梁上。元祐（1086—1094）间，僧善麟摹其墨迹以示人，无能知者”，[②] 这说明五代至宋，漳州也是胡商、胡人往来之地，带着香货前来做生意的三佛齐国李将军可能即是其中之一。

法真寺故址出土的四牙象石碑底座

法真寺故址出土的火轮徽记

① 谢重光：《唐宋元时期的漳州海上丝绸之路史迹》，《大众考古》2017 年第 3 期。

② 《（光绪）龙溪县志》卷十一《古迹》。

芗城区西郊院内村法真寺故址出土的四牙象石碑底座，背上驮的是一轮火焰般的法物，谢重光认为此极可能与古代波斯或中亚某些宗教的拜火习俗有关。也有学者认为此法真寺出土的四牙象石碑底座应是耆那教遗迹，理由是耆那教教主筏驮摩那出生之前，其母梦见四牙象的故事。[①] 法真寺出土的四牙象石碑底座应是耆那教遗迹，漳州所存耆那教石雕是国内罕见的古迹。这些反映了漳州在海外贸易发展过程中，吸收和容纳了不少海外文化信仰。

① 黄国华，谢伟中：《千年印度耆那教遗迹惊现漳州》，《海峡都市报》2006 年 6 月 12 日。

| 第六章 |

海交春秋留华章

——漳人海交著作评述

第一节　吴朴与《渡海方程》

吴朴（约1500—1570），初名雹，补邑诸生后改名朴，字子华，又字华甫，明代福建诏安县梅岭人。他自小勤奋好学，博览群书，过目不忘，凡天文、地理、兵法，无不深研。嘉靖（1522—1566）年间，同安人林希元从毛温伯征安南，聘请吴朴为参军。安南平定，林希元为谗言所害，降官贬谪；吴朴“功竟弗录”，反遭诬陷，致“以他事下狱”。于是，吴朴奋而著书，锲而不舍，在狱中完成了八卷本的《龙飞纪略》。《龙飞纪略》一书详细记载了“南海傍海诸国，碛外如西域大小部落，塞外如辽东兴和、大宁、东胜，极徼国邑，海陆道路，远近顺逆，亦悉加考证”。对外邦各国，该书又详细记述其土产、资源。书中，吴朴提出了海外贸易的远见。该书于吴朴生前刊印，目前北京图书馆、日本东洋文库及法国远东博古学院均有珍藏。

吴朴的家乡梅岭是明代漳潮海外贸易区除了月港之外的另一个民间走私贸易港口。当地居民以宗族势力为基础，从事私人海上贸易。吴朴从小耳濡目染，对这些情况有深刻的了解和认识，因此有机会接触到流传于民间的各种水路簿。这些因素都为他撰写《龙飞纪略》和《渡海方程》提供了条件。

嘉靖十六年（1537），吴朴的另一部著作《渡海方程》问世。这是我国最早刻印的“水路簿”，比欧洲第一本水路簿《意大利口岸簿》早了47年。根据有关学者的研究，该书是在对郑和下西洋的路线以及15世纪以来流传于民间的诸多水路簿进行综合整理的基础上形成的，对于沿海山形水势、航路远近、水道深浅都有记述，并附有山屿识别图。因此，这是一部航海针经，有经有图，“经”以记述海中诸国里程为主，“图”以海中诸岛屿山涯为标志，并且突出牵星过洋在航程中的重要作用。后来，“经”入《顺风相送》，“图”入《郑和航海图》。《渡海方程》付印之后被辗转传抄，又被改为《海道针经》《郑和航海图》等多种书名。其中，由我国东南沿海经钓鱼岛往日本的针路等一些内容，被茅元仪的《武备志》、胡宗宪的《筹海图编》、郑开阳的《使倭针经图说》和顾炎武的《天下郡国利病书》等引用，并都在开头注明“见《渡海方程》及《海道针经》”。郑舜功撰写《日本一鉴·桴海图经》也参考了《渡海方程》及《海道针经》，并指出“此两本书同出而异名”。1935年，北京图书馆研究员向达在英国牛津大学波德林图书馆整理中文史籍，见中文手稿第145号是无标名的古代抄本，首页题有“顺风相送”四字，还有一本《指南正法》，便将其抄录带回。1961年，向达校注的《顺风相送》和《指南正法》，由中华书局合编为《两种海道针经》出版。此二书的序几乎一模一样，内容亦大同小异。《顺风相送》侧重西洋航路，《指南正法》侧重东洋航路。厦门大学韩振华、复旦大学田汝康考证认为，所谓《顺风相送》手稿，实即《渡海方程》的简编传世本。香港学者陈佳荣对比《顺风相送》和《指南正法》的序，指出区别在于后者将前者末段的“永乐元年……”及“宝舟”等去掉，而加入“乃漳郡波吴氏，氏寓澳，择日闲暇，稽考校正”等语，说的其实就是《顺风相送》序文中的“予”。“予者何？”漳郡诏安波吴氏也。闽南语“朴”“波”同音，吴波也就是吴朴。他所居的“澳”非“澳门”，应指诏安或周边的澳。《指南正法》的传抄者将容易失传的原作者姓名点出，为后人解决《顺风相送》初编本的作者问题提供了佐证。这也说明《顺风相送》《指南正法》和吴朴所著的《渡海方程》是一脉相承的。

第二节　张燮与《东西洋考》

张燮（1574—1640），字绍和，号海滨逸史，出生于龙溪县石码埠一个官宦之家。张燮的父亲张廷榜，万历二年（1574）进士，曾经担任四川太平县知县，以“不善事上官”而得罪当路者，迁江苏镇江丞，后改任吴江县令。后来，张廷榜目睹朝政黑暗，小人当道，愤而归乡，在漳州府城芝山之麓设学馆讲学，居乡30年。张燮自幼受到父亲的悉心教导，及长，博览群书。万历二十二年乡试中举，却绝意科举。张燮在漳州府城与蒋孟育、郑怀魁、高克正、林茂桂、王志远、陈翼飞等人来往密切，诗赋唱和，被誉为漳州七才子。张燮晚年在漳州城南的石狮岩筑万石室，与黄道周、徐霞客、陈继儒、曹学佺、何乔远等人往来密切。

明代中叶，在私人海上贸易日益兴起的年代里，漳州月港因“官司远隔，威令不到”而成为重要的私人贸易港口。早在明代正德（1506—1521）年间，月港地方的私人海上贸易就进行得如火如荼。当时，龙溪张氏家族有族人私造巨舶将通番，恰逢其族人张绰奉调两广顺道过家时发现，对其进行了规劝和阻止，以焚舟而告终。

直至隆庆（1567—1572）初年，明廷正式在月港实行有限制地开放海禁的政策，月港成为合法的民间海外贸易港口，被誉为“天子南库”。到了万历（1573—1620）年间，漳州海外贸易盛况空前。在这样的历史背景下，张燮应海澄和漳州的地方官之请而作《东西洋考》，详细描述了隆庆开海之后漳州地区海外贸易情况。该书亦是明代末期海外贸易的“通商指南”①。《东西洋考》写成于万历四十四年，次年即由漳州地方官主持刻印出版。后来，张燮又参与了崇祯（1628—1644）年间海澄历史上第一部县志的编修，故崇祯《海澄县志》的主要内容及观点大多承继《东西洋考》一书。

《东西洋考》共分12卷，分别是《西洋列国考》4卷、《东洋列国考》1卷、《外纪考》1卷、《饷税考》1卷、《税珰考》1卷、《舟师考》1卷、《艺文考》2卷和《逸事考》1卷。全书的主要内容有：其一，比较详细地记载了16世纪东南亚各国的历史，特别是西方殖民者掠夺和奴役东南亚人民的历史。其二，保存了大量明代后期漳州地区有关对外贸易和商品经济发展的资料。其三，对有关台湾社会各方面作了重要的记述。其四，记载了西沙群岛

① 张燮著，谢方点校：《东西洋考》之《前言》，中华书局1981年版，第5—12页。

等我国固有领土的地理方位与特点。其五，最早记录了西方殖民者迫害海外华人的事情。其六，详细地记载了月港海商的管理机构和办法，如商船进出港口的管理办法、商税的征收办法等。其七，对海交史籍体例有所创新。《东西洋考》一书的特点和优点，在于它大量搜集和记录了16世纪中叶以后的资料。在当时，该书大量地利用了当时官府的邸报、档案文件和从航海商人、舟师采访得来的实际见闻，同时张燮又游览天下名山，获取我国东南沿海山川地理，尤其是港口的第一手资料。然而，由于时代的局限和条件的制约，张燮的《东西洋考》也不可避免地存在着一些问题。例如，作者从来没有到过海外，书中的记载内容难免有疏漏之处；与此同时，对漳州以外地区的海外贸易情况基本不涉及等等。①

第三节　程日炌与《噶喇吧纪略》

程日炌（约1712—1747），字逊吾，福建漳浦县人，出生于一个贫寒家庭，父亲程兆甫。雍正八年（1730）冬天，程日炌为了偿还父亲欠下的债务，漂洋过海，到噶喇吧谋生。他“宁执贱役，不为赘婿，真奇男子也”。乾隆元年（1736），程日炌离开吧城返回故乡。侨居吧城期间，他先是“为人佣力”，后“舌耕糊口”。离开吧城的时候，程日炌已经可以偿还所有的债务了。乾隆五年，吧城发生“红溪惨案”，之后，程日炌到京城，谒见翰林院

① 郑镛：《张燮与〈东西洋考〉》，《漳州师范学院学报（哲学社会科学版）》2004年第2期。

编修、同乡蔡新，受命撰写《噶喇吧纪略》，并献之。蔡新阅读之后，认为“其足以裨志乘，资博闻”。乾隆六年（1741），程日炌回到漳浦老家，撰写了《噶喇吧纪略拾遗》；这一年，蔡新写了《答方苞议禁南洋商贩书》。乾隆九年，程日炌参加乡试，中举。乾隆十二年，程日炌病逝。

乾隆十三年，《噶喇吧纪略》及其附录《噶喇吧纪略拾遗》得以出版。“纪略”与“拾遗”文字虽少，但内容丰富，叙述周详。其一，记述了噶喇吧所在爪哇岛及周边岛屿的重要地点和吧城的内外布局。以吧城为中心，记载“上流”方向有万丹、旧港、马六甲、西垅、牛屿、阿齐，下流方向有井里汶、北胶浪、三宝垄、碣烈石、四里猫、南望、马辰、梦茭虱、知汶、里吗、龟邦、万兰、涧仔礁，总计 19 个。吧城作为港口商贸城市，港口西岸居民比较多，贸易繁荣；东岸连接王城，是荷兰畜牧之区；王城位于城北，多为荷兰人居住，也有唐人住宅区、商业区。其二，记述了中国与噶喇吧之间的经济交流，特别是漳州、泉州、湖州、广州等地海商前往噶喇吧的贸易情况，列举了由中国出口到吧城的产物四大类 16 种，由吧城贩往中国的物产 36 种。这些内容对只注重记载外国物产和进口商品、忽视中国出口商品的海外交通、中外关系典籍是一个重要的补充。其三，记述了荷兰在爪哇岛的殖民统治情况，介绍了荷兰人的刑律、历法、生活习俗和社会伦理。其四，记述了吧城华人社会情况和荷兰殖民当局对华人的剥削。吧城的华人以“漳、泉、湖、广之人”居多。城北是华人的主要住宅区，城西是唐人的主要商业区，城南“番唐杂处”，郊外农村“有唐人土地祠”“义冢”，并建有报恩寺，祭祀观音。《噶喇吧纪略》还记述了华人甲必丹制度，对甲必丹盘剥同胞的现象也有一定的揭露。“拾遗”还记述了荷兰人的风俗、爪哇的物产和古迹。

我国古代海外交通、中外关系典籍浩如烟海，数不胜数。到了乾隆（1736—1795）年间，随着越来越多的中国人旅居海外，出现了侨居海外多年而后落叶归根的人士撰写的侨居地闻见录，仅仅噶喇吧闻见录就有很多种，而《噶喇吧纪略》是其中最早的一种。《噶喇吧纪略》及其附录《噶喇吧纪略拾遗》是中国古代典籍中最早由归国华侨撰写的记录侨居地史地风情和华侨社会状况的著述，是中国华侨历史文献中较早由归国华侨撰写的反映侨居地华侨社会情况的文献资料，对研究17—18世纪南洋史、华侨史具有重要价值。[①]

① 陈自强：《明清时期闽南涉海著述举要》，《闽台文化交流》2012年第3期。

结 语

帆影苍茫，舟楫相望；勇者无惧，迎风破浪。千百年来，这条海上丝绸之路航线，把漳州与世界紧密相连。

明朝中后期，漳州月港作为我国唯一合法的海上丝绸之路始发港，是当时中国最大的对外贸易港口，与47个国家和地区通商贸易，拥有16条通往东西洋的贸易航线，开创了中国以白银为结算货币交易的时代，在海上丝绸之路的历史长河中，留下了浓墨重彩的篇章。月港的兴盛，造就了漳州海商的崛起。他们过台湾、下南洋、通非欧，闯荡海外、万里行商，创造了许多财富传奇，“市镇繁华甲一方，古称月港小苏杭”。丝绸、瓷器、茶叶等商品从东南各地汇集漳州，与本地所产漳瓷、天鹅绒等物品通过月港源源不断地输往海外，番薯、花生、烟草等海外农作物也在万历（1573—1620）年间经月港传入，并渐次扩种到全国各地，对我国农业生产影响深远。“东接诸倭国，南连百粤疆。秋深全不雨，冬尽绝无霜。货物通行旅，资财聚富商。雕镂犀角巧，磨洗象牙光。棕卖夷邦竹，檀烧异域香。燕窝如雪白，蜂蜡胜花黄。处处园栽橘，家家蔗煮糖……”这是明代闽县诗人徐𤊹游历月港后的有感而发、状物抒情，给后人留下无限想象空间。

一、开我国民间海外贸易的先河

从隆庆元年（1567）至崇祯五年（1632），漳州月港至少维持了半个多世纪的繁盛，而且是以合法的民间贸易港的身份跻身名港之列。所以，其历史地位不容忽视。它结束了明代前期维持近200年的朝贡贸易，使明代后期的私人海外贸易得以迅速地发展起来；它标志着我国历史上持续1000多年的以官方垄断为主的海外贸易发生了根本性变化，使我国海外贸易进入了一个崭新的时期。

就明代而言，官方朝贡贸易主要是为了在政治上“怀柔远人”，建立宗主国的地位，而不是谋求经济利益。如《皇明名臣经济录》云：“我祖宗一统无外，万邦来庭，不过因而羁縻而已，非利其所有。”因此，贸易形式以朝贡赏赐方式进行，而非支付货款。对于来华朝贡人员，皆以使臣接待，礼遇甚厚。如琉球贡船到达后，福建市舶司设宴“款待夷官，赏犒夷众”，贡使回还之日，鸿胪寺派员护送，携带的赏物和货物，沿途差派车夫搬运，然后给予海上所用食米，护送出海，开洋回国。所以，每次接待贡使，朝廷所费甚巨。如正统四年（1439），因接待琉球贡使，福建市舶司花费一大笔钱，据福建监察御史成规奏报：“琉球国往来使臣，俱于福州停住，馆谷之需，所费不赀……及今未半年，已用铜钱七十九万六千九百有余。”显然，官方海上贸易，不仅无利可图，而且给国帑造成很大的负累。而私人海上贸易却不同，他们经商目的，不是为了自己的消费，而是为着追求高额的商业利润，正如傅元初在《请开洋禁疏》中提出：“海滨之民，唯利是视，走死地如鹜，往往自岛外欧脱之地。”就与日本贸易而言，官方朝贡贸易赏赐过多，接待过多，费用过大，每次都大亏本，但对日的私人海上贸易无不获利数倍，如丝在日本“每百斤值银五六百两，取去者其价十倍”，丝绵“常因匮乏，每百斤价银二百两”，铁锅“大者至为难得，每一锅价银一两”。正因为商业利润很高，出海贸易的月港海商满载而归，由此致富。如月港海商洪迪珍“载日本富夷泊南澳得利，自是岁率一至，致富巨万”。官方朝贡贸易主要输入各种海外奇珍等高级消费品，如安息香、龙涎香等高级香料，犀角、羚羊角等高级药材，孔雀、白鹿等珍禽异兽，以满足皇帝、贵族、大官僚、大地主奢侈生活的需要。私人海外贸易商品，除了一部分奢侈品外，更多的是各种手工业原料和手工业产品，如出口布、绢等纺织品，碗、壶等日用陶瓷，雨伞、草席等生活用品。进口夏布、白棉布等棉织品和木棉、吉贝等纺织原料，以及木材、生漆等商品，是供庶民百姓的生活所需，为手工业提供原材料。

据《东西洋考》记载，万历（1573—1620）年间，从月港进口各种货物115种，其中金银器皿、奇珍异兽等高级奢侈品基本断绝，而草席、番纸等日常生活用品大大增加，由从前5种增加到25种，占全部进口商品的20%。纺织品也由官方海上贸易的剪绒丝、杂色红花被面等高档商品变成粗丝布等低档商品，此外还新增加红花米、绿豆等农副产品。进出口商品构成的变化，使福建的海上贸易由入超变成出超，阻止了宋元以来铜、银大量流出的趋势，开始出现外国银圆大量流入的新局面，从而对福建经济乃至于全国的货币流通产生深远的影响。

二、首度参与国际贸易竞争

16 世纪初，西方殖民者依靠海上势力的崛起东向扩张，进入印度洋和太平洋，逐鹿海上，在南亚、东南亚战略地区建立要塞，并视中国商船为强敌。葡人占领马六甲，“与华人酬酢，屡肆辀张，故贾船希往者。直诣苏门答剌必道经彼国。佛郎机见华人不肯驻，辄迎击于海门，掠其货以归。数年以来，波路断绝。然彼与澳夷同种，片帆指香山，便与粤人为市，亦不甚借商舶彼间也”。中国商船在马六甲的处境相当艰难，这是前所未有的变局。面对凶险，谁与争锋？月港海商以大无畏的精神，为逐利而忘生死，毅然以中小型海船扬帆远航，参与国际贸易竞争，其胆魄和能力对后人极具启发意义。

月港开放之初，并不限制出洋商船的数量。从万历十七年（1589）开始，限定每年出洋商船的数量为 88 艘，后来放宽至 110 艘。万历二十五年总数达到 137 艘。作为月港一港而言，每年有上百艘商船扬帆出洋，是甚为可观的。以每船约载 300 人计，每年从月港出洋经商者，至少有 3.3 万人次。

黄金水道——九龙江出海口（高向东供图）

月港海商以诚信为本，为东南亚经商地提供了大量物美价廉的商品，也为国内提供了大量的白银。1615年，荷印总督燕·彼得逊·昆就写信告诉十七人委员会："到万丹贸易的中国船上的人们售卖的丝绸比我们的好，在市场上的卖价比我们货单上开的便宜三分之一，因为对他们来说，时间和需要就是法律。……由于我们和英国人今年都缺乏现钱，故中国人离开时手上还留下大量的丝绸。如果我们给予现钱，有可能比去年便宜一倍。"贩运到暹罗贸易的瓷器也是由于卖价太低，而使荷兰东印度公司的职员感到疑惑不解："除了他们在中国买这些瓷器的确非常便宜，否则他们将无钱还本"，"我们不能想象，他们的利润是从哪里来的，除了他们懂得如何把回航货物在国内卖高价。"即使到马尼拉贸易的海商可赢得较高的利润，但这些利润并不是实际贩运货物所得的利润，而是依靠两国之间白银的差价。拉斐尔·伯纳尔在《马尼拉华人居留地》一文中就直接指出："中国人在与马尼拉贸易中的赢利，并不取决于降低中国商品的价格，而取决于白银在中国的价格高。换言之，中国人不是以降低商品价格来与西班牙人、菲律宾人或墨西哥人竞争，他们按自己的价格售卖，而换回的是白银。白银在中国比在西班牙可获得较高的价格。"

月港海商大都为行商，扬帆出海分贩东西洋，经商范围十分广阔，东起日本、朝鲜，中经菲律宾群岛，直到南洋各国，到处都有他们活动的足迹。嘉靖（1522—1566）年间，前往日本的福建海商，因遇台风，漂到朝鲜就有1000多人，如王乞乘坐的一条大船在朝鲜黄竹岛停泊，同船的福建海商共150多人。直接到日本经商的福建商人更多。"嘉靖甲辰，忽有漳通西洋番舶为风飘至彼岛（指日本），回易得利，归告其党，转相传语"，于是出现大量通倭现象，"今虽山居谷汲，闻风争至；农亩之夫，辍耒不耕，赍贷子母钱往市者，握筹而算，可坐至富也”。

到菲律群岛的福建海商也大量增加，尤其是隆庆与万历年间，部分开放海禁以后，去吕宋的闽南海商更多。何乔远指出：“其地迩闽，闽漳人多往焉，率居地曰涧内者。其久贾以数万。”在漳州的族谱中，也留下许多福建海商到吕宋贸易的记载。南洋群岛与中南半岛各国是福建海商活动的重要地区。据族谱记载，明末清初，龙溪许良辑等 2 人、海澄谢汝棋等 28 人“前往生理”。

17 世纪闽南海商由月港出洋经商人数较多，分布较广，从而改变了长期以来外商来华贸易为主的倾向，所以张燮的《东西洋考》说：“市舶之设，始于唐宋，大率夷人入市中国，中国而商于夷，未有今日之伙者也。”

三、首创民间海外贸易的管理机制

成弘年间，月港的海外贸易迅速崛起，出现了“货物通行旅，资财聚富商。雕镂犀角巧，磨洗象牙光”的繁荣景象，成为闽南一大都会，享有“天下小苏杭”的盛誉。到正德嘉靖之际，月港海商与海外各国的走私贸易以空前的规模和速度发展起来，“漳闽之人，与番舶夷商贸贩方物，往来络绎于海上”，月港“豪民私造巨舶，扬帆外国，交易射利，因而诱寇内讧，法绳不能止”。

随着海外贸易的发展，明廷加强对海商的控制。嘉靖九年(1530)，朝廷根据都御史胡琏的建议，把巡海道移驻漳州，并在月港东北的海沧澳建立安边馆，委各府通判一员驻扎，半年一易。嘉靖三十年，复于月港建立靖海馆，以“通判往来巡缉”。不久，“海贼”谢志占据月港。接着，张维等二十四将又“结巢盘踞”，使官府完全失去对月港的控制。于是嘉靖四十二年，巡抚谭纶下令招抚，“仍请设海防同知，颛理海上事，更靖海馆为海防馆”，由海防同知驻扎。隆庆万历年间，为了征收商税，加强管理，才把海防馆改为督饷馆，馆址在“县治之右，即靖海馆旧基”。从明廷相继在月港设立安边馆、靖海馆、海防馆、督饷馆的过程，可以看出虽然督饷馆是从安边馆、靖海馆、海防馆发展过来的，但安边馆、靖海馆、海防馆主要职能是防控和弹压，而督饷馆才真正是对月港海商的管理机构。

为了管理月港海外贸易，明廷不仅设置了专门的管理机构，而且制定了一些管理法令与条例。

月港海商的税收制度由从前的抽分制改为饷银制。这种商税共分三种：一为水饷，也称“丈抽法”，类似近代的船钞，其定税率不以船的载重量，而以船的广狭为准，按照船只大小而征收船税，出之船商。二为陆饷，即商品的进口税，是按出口货物的多寡或价值的高低来计算的，征之于购买进口货物的铺商。三为加增饷，是专门征收从吕宋回来的商船税，一般由船主负担。

以上三种税都是货币税，从贡舶贸易抽分实物税到征收货币税，这是中国关税制度的重大变化，反映了明代对外贸易发生了根本性的变化，新的封建海关管理制度由此发轫并发挥长远的影响。

清代漳州行政建制更为完备，交通网络四通八达，商品经济有了进一步的发展。但是，明末清初连绵不断的战乱，使漳州月港在兴盛了几十年后陷入衰退境地。郑成功领导的反清复明军事集团与清军拉锯式的战争持续了近40年，尤其是黄梧提出的“平贼五策”被康熙采纳，其中包括长达20年的迁界，漳州沿海十室九空，百姓流离失所，正常的海上商贸通道被生生切断。清廷统一台湾后，在厦门设置“闽海关厦门衙署”，并规定厦门是与鹿耳门港对渡的唯一正口。厦门一时商船云集，货积如山，而漳州则成为山海货物交易的中转仓储之地。但在经济运行的原动力驱使下，原有的海港仍有非规模性的海商出入，其中月港、石码港、铜山港、梅岭港以及五澳、浯屿、佛昙、旧镇、官口、下寨等港是重要的民间海商贸易点。

乾隆二十二年（1757），清廷撤闽、浙、江三海关，规定外国番商“只许在广东收泊交易”，广州成为吸引商业资本的一大磁石。龙溪的潘振承创办了同文行，诏安的叶上林创办了义成行。乾隆二十五年，潘振承被清廷选任为广州十三行商总。同时，一部分漳州商人前往南洋谋求发展，如诏安黄世钮兄弟到马来亚、漳浦戴文水往新加坡、漳浦杨士让到暹罗，均经商而致富。也有相当一部分漳州海商前往澳门，从事东西洋贸易。台湾纳入清版图后，漳台贸易十分活跃。龙溪角美的林平候入台经商致富，嘉庆二十四年（1819）回原乡建林氏义庄，历4代人，延116年持续赈济，遂成漳台血肉相连之佳话。史料表明，清代漳州海商还是拥有雄厚财力的。

民国时期，漳州的市场体系进一步发育、成熟，内陆港口不断兴起，山区圩场日臻完善，成为闽南一大商业重镇。此时，漳州的金融组织也呈多元状态，银行、钱庄、保险、典当并存。光绪六年（1880），龙溪县角美镇流传村菲律宾华侨郭有品创办了漳州第一家民信局，后改名天一信汇总局，经营侨批、汇兑，是当时全国最大的民营跨国邮政、汇兑机构。

民国时期的漳州商人林和坂、林秉祥、杨在田、郭春秧、林文庆、杨纯美、庄西言、吴学濂、郭美丞、张荣汀、李荣生、萧佛成等均在南洋经商致富，成为著名的华商。他们大都心系故乡，反哺祖地，为漳州的革命事业、抗日御敌、社会发展贡献力量。

漳州港的清晨（高向东供图）

1949 年 9 月，漳州解放，中央人民政府采取措施恢复发展经济，扶持手工业生产。1978 年后，有着港口优势的漳州率先与台湾发展贸易往来，最先开展对台小额贸易。1990 年后，漳州辖区内海关、商检、港务等机构日臻完备，东山、石码、宫口、古雷、旧镇等港口日趋繁荣，一些企业也开始走出国门，与世界接轨，商品运销全球各地。

涛声越千年，风起再扬帆。漳州既有古代海上丝绸之路的辉煌，又拥有独特的区位优势，更具备与国际并轨的港口、产业、商贸、人文等基础，具备新时代海洋意识的漳州人民正意气风发地融入 21 世纪海上丝绸之路建设，融入创造历史、影响未来的大潮中。

主要参考文献

［宋］胡榘修，方万里、罗浚纂：《宝庆四明志》卷二十一《象山县志·水》，宋元方志丛刊第5册，中华书局1990年影印本。

［宋］徐兢撰，朴庆辉标注：《宣和奉使高丽图经》，吉林文史出版社1991年版。

［宋］赵汝适原著，杨博文校释：《诸蕃志校释》，中华书局1996年版。

［宋］周去非著，杨武泉校注：《岭外代答校注》，中华书局1999年版。

［元］王元恭修，王原孙、徐亮纂：《至正四明续志》，中华书局1990年影印本。

［元］脱脱等撰：《宋史》，中华书局1977年版。

［明］张燮著，谢方点校：《东西洋考》，中华书局1981年版。

［明］宋濂等撰：《元史》，中华书局1976年版。

［明］巩珍著，向达校注：《西洋番国志》，华文出版社2017年版。

［明］陈侃撰：《使琉球录》，《台湾文献史料丛刊》第3辑第55册，台湾大通书局印行。

［明］陈子龙等选辑：《明经世文编》，中华书局1962年版。

［明］梁兆阳修，蔡国祯、张燮等纂：《（崇祯）海澄县志》，书目文献出版社影印崇祯六年（1633）刻本1992年版。

［明］刘天授修，林魁纂：《嘉靖龙溪县志》，上海古籍书店1981年影印本。

［明］闵梦得修：《（万历癸丑）漳州府志》，厦门大学出版社影印本2012年版。

［明］陈洪谟修：《（正德）大明漳州府志》，厦门大学出版社影印明正德八年（1513）刻本2012年版。

［明］王世懋撰：《闽部疏》，成文出版社1975年明宝颜堂订正刊本影印。

［明］黄仲昭修纂：《八闽通志》，福建人民出版社1989年版。

［清］顾炎武撰：《天下郡国利病书》，上海书店1985年版。

［清］徐松辑，刘琳等校点：《宋会要辑稿》，上海古籍出版社2014年版。

［清］陈寿祺等撰：《福建通志》，华文书局股份有限公司1968年版。

［清］蓝鼎元撰，蒋炳钊、王钿点校：《鹿洲全集》，厦门大学出版社1995年版。

［清］王大海撰著，姚楠等校注：《海岛逸志》，香港学津书店1992年版。

［清］龙文彬纂：《明会要》，中华书局1956年版。

［清］周煌辑：《琉球国志略》，商务印书馆1936年版。

赵尔巽等撰：《清史稿》，中华书局1976年版。

承光大主编，陈景涛副主编：《漳州市对外经济贸易志》，海风出版社1995年版。

福建省图书馆辑：《民国时期福建华侨史料汇编》，国家图书馆出版社 2016 年版。

傅衣凌：《傅衣凌著作集》，中华书局 2007 年版。

谢必震：《中国与琉球》，厦门大学出版社 1996 年版。

黄纯艳：《宋代海外贸易》，社会科学文献出版社 2003 年版。

杨宏云：《环苏门答腊岛的海洋贸易与华商网络》，社会科学文献出版社 2016 年版。

李国祥、杨昶主编，薛国中、韦洪编：《明实录类纂·福建台湾卷》，武汉出版社 1993 年版。

王日根：《明清海疆政策与中国社会发展》，福建人民出版社 2006 年版。

徐晓望主编：《福建通史·明清（第四卷）》，福建人民出版社 2006 年版。

朱维幹：《福建史稿》，福建教育出版社 1986 年版。

上海中国航海博物馆编：《航海：文明之迹》，上海古籍出版社 2011 年版。

吴春明：《环中国海沉船：古代帆船、船技与船货》，江西高校出版社 2003 年版。

林南中：《漳州外来货币概述》，福建人民出版社 2014 年版。

［日］木宫泰彦著，胡锡年译：《日中文化交流史》，商务印书馆 1980 年版。

［日］大庭修著，徐世虹译：《江户时代日中秘话》，中华书局 1997 年版。

［马］黄裕端著，［马］陈耀宗译：《19 世纪槟城华商五大姓的崛起与没落》，社会科学文献出版社 2016 年版。

林金枝：《福建华侨旅居日本史略》，《南洋问题研究》1984

年第 4 期。

任鸿章：《明末清初郑氏集团与日本的贸易》，《日本研究》1988 年第 4 期。

吴幼雄：《澎湖航线研究》，《福建学刊》1989 年第 4 期。

陈佳荣：《宋元明清之东西南北洋》，《海交史研究》1992 年第 1 期。

廖大珂：《福建与大帆船贸易时代的中拉交流》，《南洋问题研究》2001 年第 2 期。

李金明：《明代后期的海外贸易与海外移民》，《中国社会经济史研究》2002 年第 4 期。

杨国桢：《十六世纪东南中国与东亚贸易网络》，《江海学刊》2002 年第 4 期。

徐晓望：《论 17 世纪荷兰殖民者与福建商人关于台湾海峡控制权的争夺》，《福建论坛（人文社会科学版）》2003 年第 2 期。

郑镛：《张燮与〈东西洋考〉》，《漳州师范学院学报（哲学社会科学版）》2004 年第 2 期。

陈自强：《郑和下西洋与漳州——纪念郑和下西洋 600 周年》，《漳州师范学院学报（哲学社会科学版）》2004 年第 4 期。

肖北婴：《“海上丝路”与中国古代的海外移民》，《八桂侨刊》2005 年第 1 期。

张彩霞，林仁川：《中国海商：17 世纪台海贸易的主导者》，《中国社会经济史研究》2010 年第 4 期。

黄忠杰：《荷兰普林西霍夫博物馆藏漳州窑瓷器》，《紫禁城》2011 年第 4 期。

谢重光：《唐宋元时期的漳州海上丝绸之路史迹》，《大众考古》2017 年第 3 期。

后 记

由于各种原因，特别是疫情影响，拖延数年的《福建海上丝绸之路·漳州卷》终于付梓。本书是由福建省政协文化文史和学习委员会支持、福建省炎黄文化研究会策划组织的系列研究项目之一。主编负责全书的统筹策划、篇章设计和总纂统稿，以及绪论、结语、后记的撰写。第一章第一、第二节，第二章第二、第三节由刘云撰稿；第一章第三节，第二章第一节，第四章由苏惠苹撰稿；第三章、第五章、第六章由覃寿伟撰稿。书中配图，由龙海江智猛、诏安陈梅晖，以及杨佳麟、高向东协助提供。福建省炎黄文化研究会杨泗德等老一辈专家学者和领导、研究会办公室主任黄丽华等同志为本书撰写和出版提供了多方指导与帮助。在此，谨致以衷心的感谢！

编者

2022 年 12 月